¡Alerta!: infidelidad

Título original: *The Ultimate Betrayal*

¡Alerta!: infidelidad
Cómo averiguar si tu pareja te engaña
Primera edición, enero de 2012

D. R. © 2005, Danine Manette
        Editado por acuerdo con Square One
        Publishers, Garden City Park, Nueva York, E. U.
D. R. © 2011, Ediciones B México, S. A. de C. V.
        Bradley 52, Anzures DF-11590, México
        www.edicionesb.mx
        editorial@edicionesb.com

ISBN: 978-607-480-221-4

Impreso en México | *Printed in Mexico*

DANINE MANETTE

¡Alerta!: infidelidad

Cómo averiguar si tu pareja te engaña

VERGARA

Barcelona · México · Bogotá · Buenos Aires · Caracas
Madrid · Miami · Montevideo · Santiago de Chile

agradecimientos

Gracias, Jesús, por darme valor, fuerza y paz. ¿Dónde estaría sin esos dones? Me prometiste que ningún arma dirigida hacia mí pasaría y proclamé la victoria en tu nombre.

A mis chicas, Crystal, Deon, Sarah, Roz, Margo, Niki, Linda y mi hermana Denise: gracias por leer las pruebas y por oír, amar, abrazar, interesarse y vigilar la retaguardia. Las amo y me siento muy bendecida por tenerlas en mi vida.

A mi familia: mamá y papá, gracias por educarme como una mujer fuerte, independiente, confiada y motivada que nunca tiene que «transigir» con nada; Ryant, gracias por apoyarme en este proyecto y alentarme para llevarlo a buen término; Ryan, gracias por darme un motivo para levantarme por las mañanas y por ser un recordatorio cotidiano sobre por qué debemos estar sanos y cuerdos siempre; y Cedric, gracias por traer todos los días a mi mundo tu interminable amor, alegría y felicidad, con tu espíritu amable y cordial.

A mis editoras, Carolyn y Beatrice: ¡gracias! Sin duda, no hubiera podido hacerlo sin ustedes. No sé decirles cuánto aprecio su tiempo y su participación.

A mi amigo Melvin, la inspiración de este libro: gracias por la motivación y por la confianza y la fe inquebrantable en mí, aun después de estos años.

A los camaradas Jahmal, George, Ernest y Yusef: gracias por el punto de vista masculino. Apuesto a que no sabían que tomaba notas en todas nuestras conversaciones, ¿no es verdad?

A mi club de admiradoras, Nicole y Stacey: gracias por comprar mi libro cuando sólo se conseguía en Internet. Por ustedes dejé de ser escritora y me convertí en autora. Al doctor David Miller: gracias por ayudarme a entender la diferencia entre lo que puedo y lo que no puedo controlar. Le debo mi cordura.

A todos mis aliados: ¡ustedes saben quiénes son! Gracias por interesarse tanto en mí y en mi estabilidad mental como para meterse en líos con tal de redirigir mi realidad y preservar mi dignidad. Siempre estaré en deuda con ustedes. ¡Los amo a todos!

A quién se dirige este libro

ESTE LIBRO es para quienes han tenido el corazón roto. Para todos los que se entregaron por completo a otro ser humano y le brindaron amor puro e incondicional desde el fondo de su alma, pero fueron rechazados.

Para los que se dormían entre lágrimas todas las noches y al despertar descubrían que los aguardaban más lágrimas.

Para los que creyeron, confiaron y se entregaron libremente y así fueron usados y engañados.

Para los que viven día tras día con un nudo en el estómago.

Para los que estallaron en lágrimas, preguntándose si eran plato de segunda mesa.

Para los que luchan todos los días con sus fantasmas y se deslizan sigilosamente para sobreponerse a sus pensamientos.

Por último, para los que creen que nunca volverán a amar, a confiar ni a sentir.

¡Alerta!: infidelidad

Introducción

Así como tantos seres humanos conocen los deleites del amor, muchos comparten la angustia que produce la infidelidad. De hecho, es sorprendente que algo que causa un dolor y un sufrimiento tan profundos se practique con tanta frecuencia, incluso por las propias víctimas. Nada es más desgarrador ni más insufrible que saber que tu alma gemela, tu verdadero amor, te traicionó. Y nada es más tortuoso que las imágenes mentales que siguen a la traición. Las cicatrices que deja la herida de la decepción pueden tener un efecto de largo alcance en el trabajo, la familia y, especialmente, en las futuras relaciones.

Pero en mis años de experiencia personal y de trabajo como investigadora he descubierto que la manera más sana de enfrentar la traición es conocer la verdad y enfrentar la realidad, por dolorosa que sea. Sólo así se puede retomar el control de la vida y seguir adelante, rumbo a un futuro más feliz.

Cómo enfrentamos una traición

Cada uno es diferente. Todos somos individuos con estilos peculiares para enfrentar las dificultades que presenta la vida. Sin embargo, en mi experiencia, he visto que hay tres reacciones básicas a la infidelidad.

En un extremo, las personas toman la experiencia de haber sido traicionadas como un medio para cobrar ánimos y salir avantes. Estas personas avanzan y nunca miran atrás; no dudan ni un instante de la decisión de cortar los lazos y siempre confían en sus instintos e intuición. Saben que son dignas de la calidad del amor que dan a los otros y se niegan a conformarse con nada menos. Saben cómo y cuándo salir de una relación y se percatan cuando los juegos de los demás ponen en peligro su estabilidad mental y su paz interior.

En el extremo opuesto están quienes quedan desechos por haberse enterado de que el ser amado los traicionó. Son personas que preferirían ir a ciegas por la vida, antes que aceptar algo que pasa literalmente frente a sus ojos. Les horroriza a tal grado la posibilidad de quedarse solas, que están dispuestas a contentarse con casi nada con tal de que haya alguien en su vida, así que viven aferradas incluso años después de que la relación terminó. Nunca se van, sino que hay que echarlas. Aceptan lo que les dan, antes que luchar por lo que quieren, y se cierran a la realidad de su situación.

Por último, están todas las personas que se encuentran entre estos extremos y que son, probablemente, la mayoría de la población. Son personas que sienten una gran confianza en su pareja, pero no al punto de cegarse.

No buscan problemas, pero no los ignoran cuando aparecen. Temen ser «las últimas en enterarse» de la traición, creen firmemente que dejarían a una pareja que fuera infiel y critican a quienes tratan de reparar una relación estragada por la infidelidad. Cierto que no son tan fuertes ni tienen tanta confianza como los del primer grupo, pero quieren saber qué pasa, aun si es doloroso.

Desde luego, este libro está pensado para las personas que quieren saber si su pareja las traiciona. En otras palabras, está pensado para el primer y el tercer grupo que vimos arriba: para las personas que quieren saber la verdad, aun si temen al dolor que pudiera causarles. No obstante, si te encuentras en el segundo grupo —si sientes que no tienes fuerzas suficientes para enfrentar la aflicción de la infidelidad—, te insto a que saques la fuerza que guardas en tu interior o que busques la fortaleza y el apoyo de amigos, familiares, un grupo o Dios. Tal vez crees que la verdad va a destruirte, cuando, por el contrario, puede ayudarte a romper el círculo de la traición y el autoengaño y a buscar una forma de vida más sana.

El objetivo de este libro

Muchas personas están sintonizadas para captar los signos indicadores de una traición. Perciben rápidamente que ocurre algo «raro», pero no pueden terminar una relación por una simple corazonada. Cuando el esposo dice que la ropa interior de su auto pertenece a su hermana; cuando el nuevo acompañante insiste en que su hermano le pidió que alquilara esa habitación del hotel; cuando el novio dice que no sabe por qué una chica le envía tarjetas románticas, dudan, en la creencia de que su relación es genuina y fiel. Antes de dar un paso, quieren las pruebas.

Muchas de estas personas quisieran contratar un detective privado o contar con moderna tecnología de vigilancia computarizada, pero la mayoría no tienen esta posibilidad. Lo que necesitan son técnicas eficaces y fáciles de usar para descubrir la verdad. De eso trata este libro. Los métodos que se presentan en estas páginas son fáciles de entender y aplicar, además de que han sido probados en la práctica por mujeres como tú: mujeres que quieren una prueba antes de dar el paso crucial. Además, al final del libro hay una lista de grupos de apoyo que puede servirte en todas las etapas del camino.

Aplaudo tu deseo de conocer la verdad y te deseo la mejor de las suertes.

capítulo 1

Cómo reconocer las señales

P<small>UESTO QUE ESTÁS LEYENDO</small> este libro, es probable que hayas comenzado a preguntarte si algo malo pasa con tu pareja. No estás segura, pero tienes una «sensación rara». Ha comenzado a ausentarse mucho tiempo; el teléfono suena una y otra vez, pero cuando tú contestas «está equivocado», o quizá parte de lo que él te cuenta no te parece convincente. Muchas mujeres, cuando descubren que las engañaron, dicen que había señales de infidelidad, pero que no les prestaron atención. Dicen que si hubieran dedicado tiempo a rastrear algunas de las pistas con que se toparon, se habrían enterado de todo mucho antes.

Si decidiste que quieres saber qué pasa de verdad en tu relación, sea para satisfacer tu deseo de conocer la verdad o para fortalecer tu acusación y confrontar a tu pareja, en este capítulo comenzarás tu jornada. En las siguentes páginas empezarás a poner en marcha un plan gradual para reunir y «preparar un expediente» de pruebas potenciales. La primera etapa del plan consiste en realizar una evaluación completa de tu pareja, de ti y de su relación.

Evaluación de los antecedentes de tu pareja

Para determinar la probabilidad de que tu pareja te engañe, es importante entender sus antecedentes. Posiblemente tengas que aplicar varios métodos para obtener esta información, pero lo más común es que puedas recabar los datos que necesitas directamente de tu pareja.

Sin duda, en el curso de su relación has aprendido mucho sobre su carácter y el calibre de sus noviazgos anteriores. Pero, ¿qué pasa si no ha sido especialmente comunicativo con esa información? En ese caso, es probable que conozcas a alguien que haya tratado a tu pareja antes de que lo conocieras, alguien que no sospeche si inicias una conversación casual sobre sus relaciones previas. Trata de plantear tus preguntas a modo de que parezcan de lo más inocentes: «Kelly fue una tonta por dejarlo ir. Por cierto, ¿por qué terminaron?» Es posible que estas indagaciones no despierten las sospechas de la otra persona, en especial si controlas tu lenguaje corporal y el tono de voz para no dar la impresión de que estás demasiado interesada. El objetivo final de tus preguntas es valorar con exactitud por qué terminaron las relaciones anteriores de tu pareja. Necesitas descubrir si tiene antecedentes de haber sido infiel a otras novias o esposas. Quizá niegue que haya sido infiel y diga a cambio que no lo comprendían o que tenían muchos «complejos». Tal vez asegure que trataban de «controlarlo». Si oyes estos argumentos endebles y trillados ¡mantente alerta! Es probable que si una persona tiene antecedentes de infidelidad, sufra graves problemas de personalidad y se corre el riesgo de establecer una mala relación. También ten presente que hay una diferencia entre haber engañado a alguien en el pasado y haber tenido una serie de relaciones que terminaron por infidelidades.

Al explorar las relaciones anteriores de tu pareja, no dejes de averiguar cómo resolvía las aparentes incompatibilidades con cada una. Por ejemplo, cuando ella «no lo entendía», ¿qué hacía él? Si ella tenía «complejos», ¿cuáles eran y cómo reaccionaba él? ¿En qué sentido trataba de controlarlo? ¿Quería impedir que saliera a bares o que platicara con su ex esposa por teléfono?

Si indica de alguna manera que una pareja anterior lo orilló a ser infiel, es una mala señal. El hecho es que si una relación es de veras desagradable, una persona de principios elevados escoge la disolución antes que el engaño.

Quizá tu pareja le fue infiel contigo a su última novia y ahora te preguntas si te hace lo mismo. Si es lo que te preguntas, muy probablemente aciertas. Si engañó antes, lo más probable que engañe de nuevo.

Al evaluar los antecedentes y las relaciones anteriores, también debes examinarte tú misma. ¿Fuiste engañada por una pareja anterior y arrastras desconfianzas y sospechas de tu noviazgo actual? Haber pasado por una traición te habrá vuelto más alerta... o te habrá infundido un estado de paranoia continua que te hace pensar que hay una mujer escondida en cada rincón. Si vives con este estado mental, te inventas tu propia realidad. Es como si un teléfono público se hubiera tragado tu moneda y ahora esperaras que todos los teléfonos públicos se tragaran tu cambio. Es una reacción entendible, pero no es sana y desde luego que no es un comportamiento inteligente.

En esencia, es necesario que recapacites, que reflexiones y que consideres que, de hecho, el problema está en tu mente.

Evaluación de sucesos recientes

Así como vas a indagar en el pasado, también te conviene examinar lo que haya pasado últimamente en la vida de ambos. A veces, cambios súbitos en la rutina pueden hacer que la pareja caiga en picada. En mi experiencia personal y profesional, he observado que las mujeres se adaptan más fácilmente a los cambios de vida. Dentro y fuera de casa se producen cambios que afectan la intimidad de una relación o que alteran el grado del compromiso que se quiere. Por ejemplo, quizá hay un nuevo bebé que te obliga a dividir tu atención. Hasta el hombre más seguro anhela los cuidados de una mujer. Antes, era la luna y las estrellas para ti, pero ahora es alguien que tose con demasiado ruido mientras el bebé trata de dormir. Nada absorbe ni acapara tanto a una mujer como el amor por su recién nacido. Entonces, tu pareja, que tiene una necesidad insaciable de ser necesitado, puede abrigar de nuevo el deseo de estar en el centro del universo de alguien, y, por desgracia, podría no tratarse de tu universo.

Otro aspecto que hay que examinar es la situación profesional o laboral de tu pareja. Los hombres se sienten mejor cuando su carrera marcha sin sobresaltos. Quizá su carrera no avanza como quisiera o sigue atorado en un trabajo sin futuro. También es posible que tu carrera progrese a tal velocidad, que él se sienta amenazado o inseguro por tu independencia económica. Esto puede llevarlo a poner en tela de juicio la importancia que tiene en tu vida. Pasa que en estas épocas, cuando los hombres no están a la altura de sus expectativas personales, tratan de ponerse a prueba a través de su sexualidad.

Todo lo anterior se reduce a saber si tu pareja siente que es «el hombre». Si no lo siente, es un candidato excelente para una breve actividad extracurricular. Por tanto, es necesario valorar en qué punto de su desarrollo personal y profesional se encuentra tu pareja en comparación contigo y con el lugar en que quisiera estar. Si la ecuación está desequilibrada y pareciera que tu pareja no está a la altura de lo que esperaba, es posible que tu relación se dirija hacia un grave problema.

Cambios en la rutina

A continuación, tienes que centrarte en las pautas habituales de conducta de tu pareja. Observa si ha comenzado a cambiar su rutina normal y si hay un comportamiento nuevo más frecuente. Plantéate las siguientes preguntas al evaluar la conducta de tu pareja en los últimos tiempos. Mientras lees las preguntas, fíjate en que algunas son pertinentes únicamente si viven juntos y otras, sólo si viven por separado.

- ¿Tu pareja tiene una actividad nueva un día fijo de la semana y no estás invitada?
- ¿Ha comenzado a excluirte de actividades que antes compartían?
- ¿Menciona personas de las que nunca habías oído y dice que se reunieron en algún lugar?
- ¿Te contesta enseguida cuando le preguntas dónde estuvo o duda antes de contestar?
- ¿Vuelve a casa oliendo más limpio que cuando se fue? O por el contrario, ¿corre a la regadera en cuanto cruza la puerta de entrada?
- ¿Lleva una muda extra de ropa adonde vaya? (Sobre todo, presta atención a la ropa interior de repuesto.)
- ¿De pronto ha empezado a lavar su propia ropa?
- ¿Te das cuenta de que faltan prendas suyas, especialmente ropa interior o playeras?
- ¿Lleva un frasco de agua de colonia en su auto?
- ¿De pronto usa chicles o pastillas de menta?
- ¿Da explicaciones absurdas sobre por qué no usa su anillo de bodas, como que le aprieta, se va a ensuciar,

es demasiado caro o no quiere dañarlo? ¿De plano dice que perdió su anillo?

- ¿Ya no te permite abrir su correo?
- ¿Repentinamente tiene posesiones nuevas cuando tú sabes que no tenía dinero para comprarlas?
- ¿Siente un interés repentino por estar en forma, ir al gimnasio o cambiar de corte de pelo y de aspecto?
- ¿Ha comenzado a lavar su auto más seguido?
- ¿Insiste en poner una línea telefónica de negocios en casa que sólo él contesta y que suena con demasiada frecuencia fuera de horas hábiles?
- ¿Ha empezado a dejar el celular en la noche en su auto?
- ¿Está bloqueada la agenda o el registro de llamadas de su celular?
- Si contesta el teléfono frente a ti, ¿sale rápidamente del lugar y habla en murmullos o con frases crípticas?
- ¿Cuelga el teléfono o cambia la pantalla de la computadora en cuanto entras en la habitación?
- ¿Se tarda un momento en responder cuando le preguntas con quién hablaba por teléfono?
- ¿Se ha estado tardando más de lo habitual en responder tus mensajes de texto?
- Cuando lo llamas, ¿sabe que eres tú al oír tu voz al instante o parece que se confunde?
- ¿Te cuelgan seguido cuando te llaman a tu teléfono?
- ¿Compró últimamente una tarjeta telefónica?
- ¿Has visto sus recibo del teléfono de su casa o el celular o se las arregla para que ni siquiera te acerques?
- ¿Borra constantemente los números de su identificador o te impide mirar el último número marcado?
- ¿Revisa continuamente sus mensajes de voz o el correo electrónico?

¿Cambió hace poco la contraseña de su computadora u otra clave de acceso sin motivo aparente?

- ¿Ha comenzado a borrar el historial de su computadora y otros registros de las páginas que visita?
- ¿Abrió una nueva dirección de correo electrónico usando una cuenta totalmente diferente y de la que no fuiste informada?
- ¿Llegan a tu computadora numerosos mensajes de correo chatarra de sitios de pornografía o de encuentros en línea?
- ¿Está cerrada con llave la guantera del auto?
- ¿Ha comenzado a discutir por minucias contigo, se sale de la casa y tarda mucho en volver?
- ¿Tiene un número inusitado de amigas?
- ¿Su ex esposa o ex novia se cuenta entre sus amigas?
- ¿Su ex todavía no tienen un novio o esposo?
- ¿Sus amistades se ven incómodas o actúan raro cuando estás tú?
- ¿Varios de sus amigos engañan a su esposa o novia?
- ¿Últimamente tienes que ajustar el asiento del copiloto cada vez que te subes a su auto?
- ¿Trabaja más horas extras pero no tiene dinero?
- ¿Es extremadamente suspicaz contigo o te acusa frecuentemente de engañarlo, sin que haya una explicación aparente?
- ¿De pronto perdió el interés en el sexo o, por el contrario, parece interesado en experimentar nuevas técnicas sexuales?
- ¿Tiene un número inusitado de «acosadoras» o ex novias que no lo dejan en paz?
- Cuando dejas cosas en su casa, ¿siguen ahí cuando vuelves o están sepultadas detrás de la ropa de su armario?

- ¿Tus fotos están en el mismo lugar de siempre en su casa, su auto y su oficina?
- ¿Culpa siempre de la aparición de objetos desconocidos en su casa o su auto a algún fantasma?
- ¿Te insiste en que no llegues nunca a su casa sin avisarle antes?
- Cuando llegas sin avisar, ¿cuánto tarda en abrir la puerta?
- ¿Da pésimas explicaciones sobre por qué no puede quedarse toda la noche en tu casa?
- ¿Da explicaciones todavía peores sobre por qué no puedes pasar tú la noche en su casa?
- ¿Te llama al trabajo o cuando estás fuera sólo por saber cuándo volverás a casa, pero al mismo tiempo no muestra interés en platicar contigo?
- ¿Parece excesivamente inquieto o nervioso en su casa o en la tuya?
- ¿Te dio únicamente su número de celular o localizador, pero no el teléfono de su casa?
- ¿Desconecta su teléfono, se niega a contestarlo o lo apaga cuando está contigo?
- ¿Te ha prohibido contestar su teléfono?
- ¿Tiene apagado el volumen de la contestadora cuando está contigo?
- ¿Ya no te llama después de cierta hora o los fines de semana?
- ¿Deja de contestar su teléfono por mucho tiempo y luego dice que se quedó dormido y no oyó el timbre o que el aparato estaba apagado?
- ¿Conociste a su mamá o no se ha preocupado por presentarlas?
- ¿Su mamá se dirige a ti con otro nombre?

Si has contestado afirmativamente a más de unas cuantas preguntas, puede ser que ya estés en problemas graves. Acaso hay explicaciones válidas y legítimas para que tu pareja se haya comportado de esa forma; pero de todos modos tienes que hacer un esfuerzo por detectar tales conductas y tomar nota cuando ocurran.

Piensa también si tu pareja ha comenzado a criticarte por cosas que antes no representaban ningún problema. Digamos que hace comentarios negativos sobre tu pelo, tu peso, el corte de tu vestido o el nivel de tu educación. De pronto, parece que nada de lo que hagas lo tiene contento: todo está mal contigo. No tomes esos comentarios como personales, pero considera si acaso te compara con un nuevo interés amoroso.

Se prendería un foco rojo si de pronto te da regalos excesivos sin motivo aparente o te deja notas almibaradas y mensajes en tu buzón de voz. A veces son señales de que se siente culpable de lo que hizo. Claro que a caballo regalado no se le mira el diente, pero sería la hora de ir tras el caballo hasta el pastizal, para saber en qué ha andado.

En estado de alerta

Si estás interesada en advertir signos de infidelidad, es extremadamente importante que observes y escuches todo lo que hace y dice tu pareja. Por ejemplo, si dice que va a una actividad recreativa, como un encuentro deportivo, no dejes de preguntarle, en tono casual, quién juega y con quién va. Luego, cuando vuelva, pregunta quién ganó, cuál fue el marcador y quién fue el mejor jugador. Si fue un partido local, puedes verificar si su versión de los detalles es la correcta.

Del mismo modo, si tu pareja dice que va a un lugar concreto, pide las direcciones y las etapas del viaje; luego, si es posible, verifícalas. También es muy eficaz la verificación «en tiempo real». Usa un pretexto para llamarlo a la casa de su amigo o al hotel donde se queda. Si viven en casas aparte, de vez en cuando date una vuelta por el rumbo y haz un alto en su casa. Ahí, toma nota mental de cualquier auto desconocido que esté estacionado en la zona, pues podrías necesitar el dato para referencia futura. Aparécete por el gimnasio para decirle que llamó su jefe o llévale la cena a su oficina si se quedó tarde a trabajar. Haz arreglos para tener una niñera en cuestión de minutos, de modo de que estés libre para vigilarlo cuando piensa que estás en casa con los niños. Preséntate en la fiesta de la oficina a la que no fuiste invitada o, por lo menos, estaciónate discretamente afuera. Hasta podrías llegar a sorprenderlo cuando salga de la ciudad a algún retiro de negocios.

Un aspecto esencial de estar atenta es escuchar. Ten presente que escuchar y oír son cosas diferentes. Oír es la capacidad de tu cerebro para procesar los sonidos percibidos, mientras que escuchar consiste en prestar atención deliberada a esos sonidos. Debes oír lo que dice tu pareja y también escuchar atentamente cada una de sus palabras. Luego, tienes que recordar esas palabras y, si es necesario, anotarlas. Tienes que escuchar cuando dice que fue al cine con Kyle y recordar esa afirmación dos semanas después, cuando te diga que no ha visto a Kyle en meses. Debes escuchar cuando dice que va al gimnasio y días más tarde se queja de cuánto tiempo tiene sin hacer ejercicio. Debes escuchar cuando comenta contigo una película que vio, pero no contigo. Debes escuchar cuando te recuerda algo que cree que te contó, pero que obviamente tiene que ver con otra persona. Escucha si el nombre de la nueva chica de la oficina aparece más y más cuando platican en casa. Sé que piensas que todo esto suena ridículo y que ningún hombre sería tan tonto, pero el hecho es que cuanto mayor es el engaño en el que está enredado, más trabajo le costará no contradecirse. Tarde o temprano tropezará.

Además de escuchar, te conviene observar, además de su conducta, la conducta de los demás. Por ejemplo, el lenguaje corporal puede ser un foco rojo importante. Así, cuando llegas a la fiesta de año nuevo de su oficina, ¿cómo te ven sus compañeros? ¿No te ven a los ojos y te evaden a toda costa o te miran con lástima, como si fueras a morir de una enfermedad horrible? No son reacciones de las mejores. La primera indica probablemente que nadie quiere hacer muchas migas contigo por miedo de que te enteres de su terrible secreto. La segunda reacción vendría del temor de que tu «enfermedad» (la «merodearitis») se propague y contagie también a sus parejas. Pero fíjate también si hay alguna mujer que te evita como a la peste. Preocúpate en particular si el nombre de esa mujer ha salido a cuento demasiadas veces en tu casa.

También mantente alerta cuando estés en compañía de tu pareja, sus amigos y las novias o esposas. ¿Ellas te lanzan esa mirada compasiva y lastimosa? ¿Hay alguna mujer que circula por todo el grupo y es cordial con todos excepto contigo? ¿Cómo se relaciona tu esposo con este mal tercio? ¿Todos hablan de encuentros y actividades en las que participaron pero de las que quedaste excluida? En otras palabras, cuando estás en una reunión, ¿tienes la sensación de que los demás saben algo que tú ignoras? Si has tenido esta impresión varias veces, pueden ser válidos tus peores temores.

Por último, si sospechas que tu pareja te engaña pero todavía no tienes señales concluyentes, sería buena idea observar y anotar las distancias entre los lugares que frecuenta y el kilometraje que marca el medidor. Incluso, si quieres, puedes recorrer tú misma varias rutas para determinar cuántos kilómetros y cuánto tiempo te toma ir de un lugar a otro. Luego, si te dice que llevó a sus amigos a tal y tal lugar el fin de semana, pero sólo aparece el kilometraje correspondiente a un viaje de ida y vuelta a la casa de su ex novia, puedes estar segura de que algo huele mal.

Lleva un expediente mental

El expediente mental es una de las herramientas de organización más importantes que emplearás en la búsqueda de la verdad. La capacidad de separar, priorizar y organizar en tu mente observaciones y hechos es de monumental importancia. Tu meta es preparar una acusación sólida y articulada contra tu pareja. Durante la preparación de tu acusación, el expediente mental te servirá como depósito de toda la información que reúnas. Uno de los mayores errores que puedes cometer es comunicar la información a tu pareja antes de que hayas reunido todos los hechos que necesitas, pues podría volverse más hábil en sus engaños. Por difícil que te parezca retener pruebas sustanciales incriminatorias, todo tu caso se perdería si no lo haces. ¡Tienes que contenerte!

Lo bueno de estar alerta

En la página 33, expliqué que al prestar atención a las palabras y actos de tu pareja, estás más alerta a los signos de infidelidad. Pero, ¿qué tal si te interesa más disuadir a tu pareja de ser infiel que atraparlo? En ese caso, además de estar alerta te conviene informarle que estás al pendiente.

¿Te acuerdas de la actividad recreativa a la que iba a ir tu pareja en la página 33? Además de pedirle los detalles del encuentro deportivo, antes de que se vaya, menciona que una amiga tuya va a estar ahí y que no deje de saludarla si la ve. Eso hará que vuelva a pensarlo si tiene planes de encontrarse con otra mujer, pues entenderá que vigilas sus acciones. De la misma manera, si le pides los detalles de su ruta, aunque no tengas la intención de vigilarlo, temerá que lo hagas y cortará los planes de una cita.

Si decides usar las tácticas anteriores para disuadir a tu pareja de engañarte, debo recalcarte que uno de los peores errores que puedes cometer es dejar que piense que estás «adormilada» o que tu conducta es sedentaria y previsible. Si le muestras que eres imprevisible y que acostumbras llamar o aparecer en cualquier lugar y en cualquier momento, se dará cuenta de que un engaño requiere mucha energía y plantea un riesgo demasiado grande y decidirá guardarse su infidelidad para una mujer que prefiera estar dormida.

En este punto, te preguntarás por qué tienes que guardar esta información en tu memoria en lugar de ponerla en una libreta o un archivero. Bueno, no es tanto así. Si es necesario, puedes escribir la información del expediente, siempre que puedas tenerla en un lugar al que tu pareja nunca tenga acceso. Pero es mucho mejor llevar un expediente mental, un expediente que tu pareja nunca encuentre.

La clave para organizar tus pruebas es abrir dos expedientes mentales aparte. Llamaremos al primero *Misterios sin resolver*; al segundo, *Engaños fehacientes*. Comencemos con el expediente *Misterios sin resolver*. En este expediente vas a guardar todas las historias que parezcan sospechosas pero que no hayas probado que son falsas. Por ejemplo, supongamos que tu pareja te dice que fue al cine con un grupo de amigos pero te encuentras sólo dos talones en el bolsillo de su chamarra. Es posible que haya ido con un grupo de amigos y que se haya quedado nada más con dos talones. Por ahora, no puedes estar segura. El incidente debe archivarse en *Misterios sin resolver*.

Otro ejemplo: digamos que tu pareja asegura que pasó todo el día fuera con su buen amigo Benjamín, pero cuando vuelve por la tarde habla por teléfono con Benjamín de una manera que indicaría que no se han visto en mucho tiempo. Aquí, podría ser que él y Benjamín no hayan hablado en la mañana de lo tú oíste que hablaban por teléfono. Por eso, el incidente queda bien en el expediente de *Misterios sin resolver*. Cuando más te acerques a descubrir el juego de tu pareja, más misterios sin resolver se volverán claros.

El segundo expediente mental, cariñosamente titulado *Engaños fehacientes*, es el más difícil de llevar, porque está tan lleno de mentiras y engaños obvios que es probable que quieras señalárselos a tu pareja. Este archivo se reserva para los momentos en que lo llamas al turno nocturno, su jefe te dice que no fue a trabajar y luego tu pareja te dice que durmió en su coche con el radio puesto. No, no viste su auto y no sabes con seguridad que no durmió ahí, pero también sabes que no eres la tonta del pueblo. Por eso, va al expediente de *Engaños fehacientes*.

Llevar estos expedientes mentales cumple dos propósitos. En primer lugar, organizas y preparas tu acusación. En segundo, evita que te obsesiones y les des vueltas todo el tiempo a acciones sospechosas... o peor que sospechosas.

Cuando archives esas cosas, no es como si las olvidaras, sino que quedan reservadas para el día que llegue tu turno. Mientras tanto, puedes dejarlas pasar.

Para este momento, apuesto a que vuelves a preguntarte si una relación vale tanta energía mental y física. Has visto tantos focos rojos que decidiste dar por concluida tu búsqueda de la verdad. En ese caso, te deseo buena suerte. Puedes decidir ignorar las señales de un desliz y seguir con tu relación como si no hubiera pasado nada sospechoso. Te deseo también que seas feliz en el camino que escogiste. Sin embargo, es posible que no puedas ignorar todas las señales de infidelidad, pero de todos modos no estás absolutamente convencida de que tu pareja te haya traicionado. Si esta última situación es la que describe tus sentimientos, no hay marcha atrás, porque sabes demasiado para estar tranquila y muy poco para renunciar. Entonces, ponte la gorra de Sherlock Holmes y comienza a preparar tu acusación.

capítulo 2

Cómo reunir las pruebas

EN EL CAPÍTULO 1 VIMOS cómo reconocer y «preparar un expediente» con las señales de que tu pareja es infiel. El hecho de que estés leyendo este capítulo significa probablemente que sospechas algo. Entonces, es el momento de comenzar a reunir pruebas materiales de su infidelidad. En este capítulo te diré dónde buscar, cuándo buscar, qué buscar y cómo cubrir tus huellas para que tu pareja no descubra lo que estás haciendo; por último, veremos cuándo detener la búsqueda.

En este momento (antes de que comiences tu búsqueda de pistas), es importante que hagas una pausa y que evalúes tu estado mental y físico. Quizá ya te sientes algo perturbada por el resultado de tus conjeturas. Por eso, pregúntate si vas a poder manejar el resultado de tus esfuerzos. Si te parece que cualquier prueba verídica de infidelidad te partirá en trozos, dedica algún tiempo a buscar la ayuda que necesites antes de seguir adelante con tu indagación. Pide ayuda de familiares y amigos o habla con tu consejero espiritual. Si antes recurrías a Dios para que te guiara y te fortaleciera, no dejes de acudir de nuevo a Él. Si es preciso, consulta a un terapeuta profesional. El camino que estás a punto de recorrer es áspero y tendrás que ser fuerte si quieres llegar entera al final, hasta alcanzar tu meta.

También es importante ser consciente de que el acopio de información no es un fin en sí mismo. Quizá tengas suerte y descubras que tu pareja no es infiel. En ese caso, la búsqueda será una experiencia maravillosa y remuneradora. Pero por el otro lado, las pruebas que encuentres podrían justificar tus peores miedos. Entonces, tendrás que decidir exactamente qué quieres hacer con lo que encuentres. Desafortunadamente, será imposible desenterrar la información y luego olvidarla, como si nunca la hubieras encontrado. Más bien, te quedarás con dos opciones: usas las pruebas para demostrarle a tu pareja que estás enterada de su juego y que más le vale enderezarse, o lo tomas como una oportunidad para terminar con la relación. Desde luego, tu principal objetivo no tiene nada que ver con las técnicas que apliques para recabar la información. No obstante, siempre es importante que lo tengas presente conforme avanzas con tus pesquisas.

Cuándo buscar

Antes de comenzar a reunir las pruebas, es crucial saber cuándo ponerse a buscar. Para que todo salga bien, debes escoger momentos en que no haya peligro de que te interrumpan o te atrapen. Tus primeras indagaciones deben ser completas, exhaustivas y tediosas; tienes que buscar debajo de las piedras. Luego, a medida que vayas armando tu acusación, aprenderás el arte de la búsqueda de los treinta segundos. El mejor momento para investigar es cuando tu pareja salió de la ciudad o está ocupado, de forma que tienes muchas oportunidades de revolverlo todo y devolverlo a su lugar. Los tiempos idóneos son, por ejemplo, cuando presenta un examen final en la universidad, cuando está en el trabajo, cuando va a visitar a sus padres, cuando sale de la ciudad y cuando está en el dentista. No está de más recalcar la importancia de que nunca asumas que sí está en el trabajo, que sí salió de la ciudad, etcétera, sin verificarlo con una llamada telefónica o por otros medios. Si es posible, pide la ayuda de amigos o familiares, para que te llamen cuando él vuelva a casa. Tienes que estar absolutamente segura de que no te van a atrapar.

Como dijimos, a medida que ganes destreza en tu investigación, o cuando sepas exactamente qué buscas y puedas conseguirlo en un santiamén, aprenderás a ejecutar la búsqueda de los treinta segundos, que funciona mejor cuando tu esposo deja la cartera en el auto para ir al baño de hombres de la gasolinera o en sus pantalones sobre la cama, cuando se mete a bañar.

Tienes tiempo suficiente para una husmeada rápida en busca de números de teléfono, recibos, talones de boletos y otras pruebas acusadoras. También es un momento oportuno para ver si tus fotos siguen exhibidas orgullosamente en la cartera. La clave de esta investigación es entrar y salir con la mayor prontitud.

Antes de cambiar de tema, es importante que entiendas que no pueden atraparte husmeando. Además de que te verás tonta, si tu pareja se da cuenta de que vigilas sus acciones y rebuscas en sus cosas, se esmerará para esconder las evidencias. Por tanto, es un grave inconveniente que te pesquen. Más adelante hablaremos de formas de cubrirte si ocurriera que te atraparan fisgoneando.

Dónde buscar

¿Dónde tienes que buscar las pruebas de la infidelidad de tu pareja? La clave es buscar en un ámbito en el que tu esposo tiene el dominio o el control, o cree que lo tiene. Son buenos lugares la cartera, especialmente entre las tarjetas de crédito y detrás de las fotos; los bolsillos de los sacos y pantalones, especialmente el bolsillo pequeño para monedas; portafolios, maletas del gimnasio, agendas impresas, agendas electrónicas, computadoras, correo de voz, buscadores (bípers), celulares, el fondo de los cajones de su ropero, facturas de teléfonos fijos y celulares, estados de la cuenta bancaria, cuadernos y libros escolares, mesitas de noche, escritorios de casa y oficina (pero sobre todo de la oficina), mochilas, bolsas de golf, cajas de discos compactos y casetes; fotos enmarcadas (busca tras los marcos); bolsillos de la ropa colgada al fondo del clóset y papeleras y botes de basura, así como en los lugares de su auto donde pueden guardarse cosas, como la guantera, la cajuela, el espacio debajo de los asientos, las viseras, etcétera. Cierto que es difícil registrar muchos de estos lugares, sobre todo si no viven juntos, pero más adelante hay sugerencias sobre cómo entrar en lugares en los que crees que puede haber algo escondido.

Arriba dijimos que buscaras en los bolsillos de la ropa. Comoquiera que sea, además de los bolsillos también se encuentran buenas pruebas *en las telas mismas*. Gorras, peines, fundas de almohadas, sábanas, cabeceras del auto, el filtro de pelusas de la lavadora, el piso del baño, la regadera y el fregadero son también buenas fuentes para obtener pistas excelentes. ¿Qué se encuentra en el filtro para pelusas? Después veremos los tesoros que resguardan estos lugares. Si tienes sospechas sobre lo que hace tu pareja en Internet, también puedes revisar su computadora en busca de un mensaje de correo, fotos descargadas y otras pruebas. En algunos casos, hasta podrías usar un programa de espionaje que vigila en secreto y registra el uso de la computadora, y hasta te manda los informes. En el recuadro de la página 57 hay más sobre este tema.

Qué buscar

Escogiste el momento y el lugar perfectos para tu investigación; pero antes de que la comiences, quiero recordarte que debes colocar todas las pruebas que recojas en los expedientes mentales que ya explicamos en el capítulo anterior. Por difícil que sea retener pruebas flagrantes e innegables de infidelidad, tienes que entender que pasar muy pronto a una confrontación pone en peligro tus investigaciones e invalida todos tus esfuerzos. Mantente impávida y no muestres tus cartas hasta que sea el momento oportuno.

Por ahora tienes que determinar exactamente *qué* debes buscar. En general, busca cualquier cosa que sustente tus sospechas de infidelidad. Ahora bien, al paso de los años, he visto que casi todas las pistas caben en las siguientes categorías: papeles, incluyendo recibos, fotos y cartas; información del teléfono celular; regalos y recuerdos; ropa y pelo.

Papeles si seguiste mi consejo del capítulo 1, le has hecho a tu pareja preguntas concretas sobre sus actividades y has anotado todo lo que dice. Así, una buena manera de empezar tu búsqueda es revisar la información que te ha dado. Por ejemplo, si dice que fue al cine solo, fíjate si hay más de una entrada entre sus cosas. Si dice que salió de la ciudad (o, al contrario, que estuvo todo el tiempo en la oficina), busca recibos de gasolina que digan dónde y cuándo cargó el tanque. Muchas veces, las pruebas más valiosas se encuentran en los papeles más pequeños.

Digamos que te encontraste un papel que tiene escrito un número de teléfono desconocido y misterioso. Primero, estudia la escritura. ¿Es la letra de tu esposo? ¿Parece como escrita por una mujer? Desde luego, en la primera oportunidad marca el número en un teléfono seguro, uno que no reconozca alguien que tenga identificador de llamadas. Pero no te preocupes si no das con la persona. En Internet hay muchos sitios con directorios telefónicos inversos en los que anotas el número y te devuelven (a veces gratis y a veces por un pago) el nombre y la dirección de la persona. En algunos sitios incluso dan información sobre teléfonos celulares, números privados y teléfonos desconectados. Hay que pagar, pero si te interesa conocer el nombre que va con el número que salió del portafolios de tu pareja, vale lo que cuesta. ¿Debes pagar para rastrear todos los números que aparezcan entre las cosas de tu pareja? Claro que no; pero si estos papelitos, sumados a sus registros telefónicos, apuntan al mismo número inexplicado, te conviene invertir el dinero.

Para indagar de manera exhaustiva, tienes que mirar todos los papeles que tenga tu pareja. Como ya dijimos, pasa a menudo que los datos mínimos llevan a los mayores descubrimientos. Además, lo más probable es que sean las cosas pequeñas las que él pase por alto cuando destruya sus pruebas. En ocasiones, el solo hecho de que le parezca necesario esconder algo que parece insignificante es un foco rojo. Por ejemplo, si descubres que escondió el recibo del teléfono, te conviene sacar el calendario y revisar con lupa. El recibo del teléfono arroja un cúmulo de información. No dejes de confrontar los números telefónicos sueltos que te encuentres en sus bolsillos con los números del recibo, tomando nota de la hora y fecha, duración y frecuencia de las llamadas. No hay que descuidar las llamadas breves ni las prolongadas, pues estas últimas pueden significar que tu pareja tiene algo más que una plática ocasional, mientras que las primeras podrían ser llamadas rápidas para decir: «Voy para allá». También toma nota de las llamadas hechas a establecimientos comerciales. Una amiga mía encontró una vez el número de una clínica de embarazo en el recibo telefónico de su pareja... cuando no estaba embarazada.

Como sea, los papeles más importantes son los estados bancarios y de las tarjetas de crédito. Lo creas o no, se ha sabido de hombres que compran con tarjeta prendas de lencería que no estaban destinadas a su esposa o rentan habitaciones de moteles cuando se suponía que estaban en la oficina. Igualmente puede encontrarse una clave en algo tan pequeño como la ubicación de un cajero automático donde hizo un retiro. Quizá el cajero está en un lugar adonde tu pareja no tendría nada que hacer o bien hizo un retiro grande por las fechas del cumpleaños de la ex esposa. En ese caso, es difícil probar una mala conducta, pero vale la pena guardar la información en el expediente mental de los *Misterios sin resolver*.

Cuando revises las facturas de tu esposo, presta mucha atención no sólo a cuándo y dónde se hicieron las compras, sino también a la cantidad. Por ejemplo, si te dice que cenó solo todas las noches que estuvo fuera por una convención, un gasto de 90 dólares en comida debe encender un gran foco rojo. Básicamente, tienes que examinar los estados de todas las tarjetas de crédito y cuentas bancarias en busca de cualquier cosa extraña, atípica o que contradiga lo que te ha dicho sobre sus actividades.

Teléfonos celulares los celulares son otra gran fuente de evidencias. Aquí también presta atención a los detalles nimios. Por ejemplo, debe encenderse una luz roja si tu hombre tiene el celular sin seguro, pero bloquea la agenda y el registro de llamadas. Quien actúa así no está interesado en asegurar su teléfono para que no lo use nadie más si lo pierde; más bien, trata de mantener en secreto sus comunicaciones diarias. Si por casualidad puedes consultar su agenda de teléfonos, podría dar claves valiosas acerca de qué pasa en su vida. Presta atención en particular a los registros recientes y desconocidos. Al empezar una relación, a fieles e infieles se les dificulta aprenderse de inmediato la dirección y el número de celular de una persona. Es poco probable que el nombre de la nueva querida de tu pareja aparezca completo y listo para que te complazcas en verlo; es más posible que lo haya anotado de manera que se oculte su verdadera identidad. Por ejemplo, «Lee Ann» aparecería simplemente como «Lee», para dar la impresión de que pertenece a un conocido del sexo masculino. Quizá el nombre «Julie» aparezca como «Jay» o «JR». Aun si tu pareja es muy sociable y todo el tiempo hace nuevos amigos, no sería mala idea copiar algunas de las nuevas adiciones de la agenda, marcar los números y ver quién contesta. Fíjate más en los teléfonos de larga distancia. Si consultas un directorio inverso de Internet y el resultado muestra una dirección o ciudad en la que tu pareja no tiene amigos, parientes ni contactos de negocios, indicaría una nueva amistad en línea o un «conocido» reciente, de esa convención a la que fue el mes pasado.

Regalos y recuerdos algunos hombres cometen la imprudencia de guardar tarjetas y cartas de su nueva aventura y aun fotos de ella o de los dos juntos. Normalmente, el hombre que se define como el objeto de veneración de una mujer tiene problemas para deshacerse de esos recuerdos y artículos amorosos, aun si corre el riesgo de que se los descubran. Es posible que te encuentres regalos que no pueden venir más que de otra mujer. Cuando descubras tales pruebas innegables de las indiscreciones de tu pareja, recuerda que la otra está más ansiosa que tú de que se descubra su juego. Si su meta es sabotear tu relación y quedarse con tu pareja, tratará de dejar un rastro para que lo sigas, con cartas detalladas y fotos fechadas puestas deliberadamente para que te las encuentres. También hará cuanto pueda para que sepas que otra mujer ha estado ahí. Mantente siempre alerta y receptiva de estas claves y abre bien los ojos; recuerda que las mejores pruebas vienen muchas veces de los lugares más simples.

Prendas de ropa como dijimos, la ropa de tu pareja puede ser una abundante fuente de evidencias. ¡Ah, qué experta puede ser la nariz para rastrear una rata! Para empezar, haz unas «revisiones olfatorias» aleatorias en su ropa, para que te familiarices con su olor habitual. También familiarízate con el aroma de la marca de su agua de colonia, jabón, desodorante y detergente y aprende a identificarlos al instante. Así detectarás los perfumes «extraños»; por ejemplo, el olor del detergente de otra mujer o del jabón de un cuarto de motel. Si no sabes reconocer enseguida tus propios aromas (tu desodorante y tu perfume), aprende rápidamente, para que distingas tus olores de los de otra persona. Las fragancias de perfumes y artículos de higiene son las que más vas a percibir en la ropa de tu pareja, pero toma nota de otros olores, como tabaco, mascotas y comida. El olor del tabaco en el saco de alguien que no fuma puede explicarse con las situaciones más inocentes, pero no se descarta con tanta facilidad si está presente en la ropa interior. Sí, ¡te sugiero que huelas la ropa interior sucia de tu pareja! Por desagradable que parezca, tienes que recorrer todo el camino para llegar a la meta, y la ropa interior sucia puede ser una fuente excelente de información. Claro, la ropa interior de alguien que no fuma sólo despedirá olor a tabaco si el que la usaba estuvo en la cama o en contacto muy estrecho con un tabaquista. En el mismo sentido, la ropa interior únicamente huele a perfume a resultas de un contacto íntimo. Las playeras sucias se parecen mucho a la ropa interior en cuanto a las claves que pueden contener, sobre todo si vas tras la pista de un perfume extraño. También conviene que revises si la ropa huele a comida. Cuando supuestamente regresó de trabajar, ¿su ropa despide el olor inconfundible de huevos con tocino? Si se supone que se quedó a trabajar hasta tarde, ¿su saco apesta a barbacoa? Toma nota de esta discrepancia y guárdala en el expediente.

Pelo tiene un gran valor descubrir pelo que es innegable que no pertenece a tu pareja. Uno de los grandes atributos del pelo es su finura y su tendencia a pegarse, de modo que es difícil encontrarlo y eliminarlo por completo. Los mejores lugares para buscar pelo son la suela de los calcetines de tu pareja, lo que indica que se quitó los zapatos en otro lugar; la cabecera del asiento del copiloto en el auto; cepillos, pisos de baño, regaderas, lavabos, ropa de cama y filtros de pelusa de la secadora. Lleva siempre un sobre vacío para que cuando detectes pelo extraño, puedas recogerlo de prisa. Recuerda también que es más probable que el infiel pase por alto el pelo oscuro sobre la ropa oscura cuando trate de acicalarse, lo mismo que el pelo claro en la ropa clara.

Cuando hayas reunido pelo, búscate un lugar privado y (con una lupa, si fuera necesario) compáralo con tu propio pelo, observando las diferencias. Tienes que observar no sólo el color y la longitud, sino también la textura y las puntas (¿están teñidas o partidas?). Recuerda que tu pareja explicará más fácilmente el pelo de la ropa y el auto que la de baños y ropa de cama. El pelo de la ropa pudo habérsele pegado en una silla de la oficina, mientras que el pelo del auto podría deberse a que le dio un aventón a un compañero hasta la estación de trenes. Por lo tanto, presta más atención a las partes difíciles de explicar y trata de reunir más de un pelo, para eliminar la posibilidad de que ese pelo suelto se le haya pegado en la calle.

Cuando tengas suficiente cabello acumulado para saber que estás en un problema, es posible que te imagines una sospechosa. Por ejemplo, tal vez reconozcas el rizo rubio o el negro lacio como idénticos a los de una amiga. Hasta podrías percibir algún aroma o tabaco en tu «muestra». Pero si el pelo extraño no apunta a ninguna sospechosa, toma nota mental para buscar un rizo rubio con raíces negras (o lo que sea que tengas) entre las conocidas de tu pareja.

Cuando hayas reunido todas las pruebas materiales que vimos arriba: papeles, ropa, pelo, etcétera, tienes que interrogar a tu pareja *sin que lo sepa*, con el fin de determinar qué claves son importantes y cuáles pueden ser explicadas. Ahora bien, que se pueda explicar la presencia de ciertos objetos no significa que los descartes. Te sorprenderías de saber cuántas pistas de aspecto inocente encuentran finalmente un lugar en el expediente de *Engaños fehacientes*. Tienes que dominar el arte de la interrogación inadvertida haciendo preguntas indirectas, que no parezcan amenazadoras y de soslayo, para obtener información de tu pareja. Recuerda que la práctica hace a la maestra.

Cómo reunir y registrar las pruebas

Ya sabes cuándo realizar una investigación, dónde realizar la investigación y qué buscar, pero todavía tienes que aprender a reunir materialmente las pruebas y, en algunos casos, a guardarla para uso posterior. Desde luego, no puedes recopilar ni guardar el olor que percibiste en su camisa ni otras pistas, pero muchas pruebas pueden conservarse para examinarlas más adelante.

Como te imaginarás, el método para recolectar pruebas variará según lo que busques. Algunas variedades de información se consiguen preguntando a tu pareja, mientras que otras hay que descubrirlas con medios más «científicos». Por «científico» no quiero decir que necesitas cursar un doctorado. Todas las técnicas necesarias pueden ser aplicadas por cualquier persona. Más aún, todas las herramientas que necesitas para estas maniobras las tienes ya en casa o se consiguen fácilmente en línea o en la tienda del barrio.

Antes de que veamos los medios de reunir pruebas, quisiera repetir que debes hacer todas estas tareas en secreto, sin mostrarle tus cartas a tu pareja. Cuando investigues, asegúrate de tener el tiempo y la privacidad que necesitas para que no te descubran.

Búsqueda de pruebas en la computadora

Como dijimos en la página 48, es posible que tengas motivos para creer que tu pareja está en contacto con otras mujeres por medio de la computadora o que, cuando menos, de esta máquina pueden surgir pruebas de sus actividades extracurriculares. En ese caso, hay muchas maneras de averiguar lo que estás buscando.

Para empezar, busca en el historial, la carpeta de *cookies* y los archivos temporales de Internet. Si la computadora tiene activada la opción de llenado automático, puedes hacer una búsqueda elemental haciendo clic en la pestaña de «Inicio» en la parte baja de la pantalla y luego en «Búsqueda». Empieza a anotar las letras del alfabeto para ver qué búsquedas se han hecho en la computadora o usa la herramienta de búsqueda para localizar archivos, carpetas y fotos que se hayan guardado en la computadora. Una manera de encontrar fotos es anotar «.jpg» en la pantalla de búsqueda o revisar los «Archivos de programas» y ejecutar una búsqueda de todos los jpg. Busca también archivos como «getmsg», en los que puede haber mensajes viejos del correo de hotmail, los cuales se encuentran a veces en «Archivos temporales de Internet». Además, revisa en la sección de «Agregar y eliminar programas» las opciones de sistemas de mensajes instantáneos.

Muchas personas que sospechan que su pareja se cartea en Internet con otras mujeres instalan en la computadora programas de espionaje. Dependiendo del programa que se use, permite vigilar en secreto y registrar todas las actividades del usuario: páginas de Internet visitadas, ventanas abiertas, pláticas en línea, mensajes de correo enviados y recibidos y todas las teclas que haya oprimido. Algunos programas hasta toman imágenes instantáneas del escritorio a intervalos fijos. Los informes detallados del uso de la computadora se ocultan en la máquina para recuperarlos más tarde o se envían a otra computadora.

Se venden muchos tipos de programas de espionaje. El *eBlaster* de Spectorsoft, aunque caro, es el preferido de mucha gente porque tiene numerosas capacidades de vigilancia y porque también puede instalarse y revisarse remotamente, además de que es confiable e indetectable. Otros programas útiles son *BlazingTools Perfect Keylogger* y *Keylogger Spy*. Siempre aparecen nuevos programas, así que te sugicro que investigues lo más reciente en aplicaciones de espionaje, que vayas a las páginas electrónicas de diversas compañías y, si es necesario, que les escribas para que te den más información. Así tendrás los datos necesarios para determinar el mejor programa para tu situación específica.

Ten cuidado por si tu pareja instaló algún antivirus, como *Shredder* o *Norton*, que notifica si alguien introdujo un programa de espionaje. Por tanto, debes ejecutar estos programas para cerciorarte de que no hayan detectado tu instalación. Recuerda que tienes que reiniciar la máquina y ejecutar el mensaje de prueba después de instalar el programa. En general, cuando se instala un programa nuevo, está inactivo hasta que la computadora se reinicia e indica que se agregó. Por lo tanto, tienes que reiniciar tanto para activar el programa como para cerciorarte de que cuando tu pareja vuelva a prender su computadora, no vea de inmediato un mensaje sobre la nueva aplicación de espionaje.

Para terminar, ten presente que usar programas de espionaje es perfectamente legal si los instalas en una máquina que esté en tu casa.

Fotocopias de las pruebas en papel cuando buscas pruebas, uno de los aliados más valiosos es la fotocopiadora. Tendrás que indagar en la zona aledaña a la casa o la oficina de tu pareja cuál es la copiadora más cercana y accesible, para que cuando ubiques un dato importante, puedas fotocopiarlo y devolverlo a su lugar original con la mayor oportunidad. Veamos dos formas de manejarlo.

En la primera situación, puedes llevar oculto contigo el pequeño artículo (factura de la tarjeta de crédito o lo que sea), acudir volando a tu amiga a la fotocopiadora y regresar el documento a su lugar en tiempo récord. Ten presente que esta opción puede requerir que hagas un viaje de «emergencia» a la farmacia a las dos de la mañana para comprar jarabe para la tos o analgésicos o por cualquier otro pretexto que te permita escabullirte sin despertar sospechas. Cuando vuelvas de tu misión, es extremadamente importante que te acuerdes de regresar el documento original exactamente al lugar en que lo encontraste y de atesorar la copia en un lugar seguro hasta que tengas el tiempo y la privacidad para examinarla sin correr peligro. No te coloques en la posición de tener que explicar por qué llevas en el bolsillo de la chamarra una copia del recibo del teléfono de tu pareja. Además, por mucho que sientas la tentación, *no* examines el recibo hasta que estés en un lugar seguro en el que sea absolutamente imposible que te atrapen. Hasta ese momento, guarda la copia donde no la vea tu pareja; por ejemplo, en el compartimiento con cierre de tu bolsa o en la cajuela del auto.

En el segundo caso, no estás en posición de sacar fotocopias en el momento del descubrimiento y tienes que ocultar el recibo de manera que puedas volver a localizarlo en otra ocasión. Cuando digo «ocultar», no quiero decir que lo metas en una bolsa de basura debajo del fregadero de la cocina. Debes ponerlo donde esté a salvo y donde, si lo encuentra tu pareja, no se despierten sus sospechas. Por ejemplo, quizá podrías meter el documento en una pila de periódicos de días atrás (y hasta ofrecerte para llevarlos un día al depósito de reciclaje) o ponerlo entre libros o revistas desperdigados en la sala. Si por accidente tu pareja se topa con el recibo en su nuevo lugar, probablemente pensará que ahí lo dejó él mismo. Sólo los individuos más listos se imaginarían que tú lo pusiste entre sus cosas para sacar después una fotocopia. De cualquier manera, es muy importante trazar un plan para volver y sacar las copias a no más de dos días del ocultamiento. No tientes tu suerte.

Otros artículos que se pueden fotocopiar son talones de pago, hojas de la agenda telefónica personal de tu pareja, postales y cartas, fotos, talones de boletos y cualesquiera otros documentos que creas que apoyan tus sospechas. Recuerda que no es necesario llevar las fotos a un laboratorio fotográfico, pues copias comunes en blanco y negro servirán bien a tus propósitos. Cuando tengas las copias y las hayas guardado en un lugar seguro, podrás examinarlas atentamente en busca de la información que señalamos más arriba.

Recolección de pelo ya hablamos detalladamente de la importancia de recoger pelo de la ropa de tu pareja. El pelo suelto es muy notable a simple vista, pero si tu pareja sabe qué es lo que buscas, se esforzará por eliminarlo de su ropa. Por tanto, es importante que hagas una búsqueda más exhaustiva del material en cuestión para ubicar y recolectar hasta la última hebra.

En primer lugar, envuelve la punta de los dedos con dos tiras de cinta adhesiva transparente. Luego, pasa suavemente los dedos por el material, de un lado a otro, y mira qué se queda pegado. Te sorprenderá ver lo que recoges. Si el método de la cinta adhesiva te parece muy frustrante o tardado, usa un cepillo para pelusa, tal como limpias tu propia ropa. Cuando hayas terminado de reunir pelo de todas las superficies que interesen, separa el pelo extraño y mételo en tu sobre portátil para inspeccionarlo más tarde.

Vigilancia de las llamadas telefónicas antes explicamos cómo encontrar y copiar el recibo de teléfono de tu pareja, un recurso para saber a quién ha llamado. Otra manera de conocer la identidad de los que llaman es instalar un aparato de identificación de llamadas que indica nombre y teléfono y, dependiendo del modelo, lleva un registro de las últimas cincuenta o más llamadas recibidas. Como tu pareja puede borrar el número del identificador que esté conectado al teléfono que utiliza normalmente, una idea excelente es instalar otro identificador en una conexión telefónica que no se usa. Así tendrás tu propio registro personal de todas las llamadas que entren al teléfono de tu casa.

Pecaría de negligente si no abordara el uso de las grabadoras para registrar las conversaciones telefónicas entre tu pareja y quienquiera que hable por teléfono. Sé de varios casos en que una mujer compró una grabadora y la ocultó cuidadosamente cerca del teléfono que más usaba su pareja. Cuando éste recibía una llamada, la

mujer inventaba una excusa para salir, encendía la grabadora y se iba. En la mayoría de los casos, aun si el hombre al que grababan había colgado el teléfono antes de
que ella se fuera, devolvía enseguida la llamada y la conversación quedaba grabada. Las mujeres que hacían bien
esto volvían a casa antes de que la grabadora se apagara
con un chasquido fuerte que hubiera alertado a la pareja
sobre la existencia del aparato. Cuando no estaba en uso
la grabadora, también tenían el cuidado de guardarla
cerca del teléfono, pero oculta en un portafolios, maleta
de gimnasio, etcétera. Algunas usaban una grabadora que
se activaba con el sonido de la voz, de modo que pudie-
ran dejarla largo tiempo.

Dicho lo anterior, ten presente que en muchos lugares
es *ilegal* grabar una conversación si por lo menos uno de
los interlocutores (tu pareja o la persona con la que habla)
no sabe que la están grabando. Quien sea descubierto
haciendo una grabación sin el conocimiento y la autori-
zación requeridos puede ser sometido a un proceso legal.

Grabación de videos de las actividades dentro de la casa hoy
en día, prácticamente todos conocen las «cámaras niñeras», que son cámaras de video instaladas en la casa para
grabar las actividades de una niñera. Desde luego, también es posible instalar una cámara para grabar las actividades de tu pareja, de modo que sepas a qué se dedica
cuando no estás en casa. Con la tecnología actual, las
cámaras en miniatura son casi indetectables. Graban lo
que pasa para reproducirlo después, además de que pueden transmitir por medio del correo electrónico imágenes en vivo mientras están en funcionamiento. Estoy

enterada de numerosas situaciones en las que estas cámaras le han dado a alguien las pruebas que necesitaba de la infidelidad de su pareja. Sin embargo, hay controversias sobre la legalidad de usar estos aparatos, así que sería de sentido común revisar las leyes de donde vives. Por supuesto, no aconsejo que instales un aparato en la casa de otra persona.

Cómo reclutar ayuda para las investigaciones

Hasta aquí hemos dedicado la mayor parte del capítulo a exponer los medios para que reúnas pruebas por ti misma. Ahora bien, en ocasiones es útil reclutar la ayuda de un aliado, aunque es un asunto delicado. Tienes que ser sumamente juiciosa para recurrir a la ayuda de otra persona, pero si lo haces bien, los beneficios pueden ser grandes.

El mejor aliado es que tenga un conocimiento de primera mano de las actividades de tu pareja, pero que no tenga ninguna lealtad particular con él. De preferencia, debe tener algo que ganar por compartir la información contigo, pero no a tal punto de que se ponga en duda su veracidad. Además, esta persona debe estar dispuesta a ayudar y a ser leal hasta el extremo de no revelar nunca esta alianza a tu pareja.

Nota sobre las contraseñas

No apruebo que consigas la contraseña de la computadora o el correo de voz de tu pareja ni ninguna otra clave de acceso. Sin embargo, puedo darte consejos sobre los medios para proteger tu contraseña de una pareja que sospecha que reúnes evidencia sobre sus actividades y, por eso, siente interés en vigilar tus actos.

En primer lugar, ten presente que la mayoría de las personas se conforman con una o dos combinaciones de números o letras que usan para todo. Por ejemplo, su PIN del cajero automático, la clave de acceso al correo de voz, la contraseña de la computadora y la clave de la alarma pueden ser los últimos dígitos del número del seguro social, su fecha de nacimiento o el nombre de su mascota. Por tanto, si te preocupa que alguien pueda robar tu contraseña o clave de acceso, sería buena idea cambiar un dígito o dos al final de tu combinación para proteger tu privacidad. Recuerda también que si tu pareja te pide tu PIN del cajero automático para hacer alguna transacción por ti, luego podría intentar la misma clave para entrar en tu correo de voz o desbloquear tu celular.

También debes estar consciente de que en los teléfonos que guardan el último número marcado, es fácil para alguien oprimir la tecla de remarcado y copiar la clave de tu correo de voz. Una vez conocí a un hombre que revisaba sus mensajes de voz desde la casa de su novia. Luego, la mujer pudo copiar la contraseña en la pantalla de remarcación y entrar en el buzón. Por tanto, conviene tener cuidado al consultar las cuentas personales en la casa o con el teléfono de otra persona, y hay que estar alerta ante alguien que te insista en que consultes tus cuentas fuera de casa.

Aunque hay que considerar varios factores al reclutar la ayuda de un aliado, la idea más importante, que nunca resultará demasiado exagerada, es que jamás debes revelar tus fuentes. Ten en cuenta que quien te ayude a reunir información (por cualquier motivo) se coloca en una especie de limbo. Si revelas la identidad de tu aliado, probablemente nunca volverás a tener acceso a ese recurso. Esa persona se sentirá traicionada y negará que te haya dicho nada. Como resultado, se terminará tu relación con ella, quedarán arruinadas tus investigaciones actuales y futuras y hasta podría ser que esa persona corriera peligro. Por eso debes callar para siempre el nombre de tus informantes.

Más adelante, en el capítulo 3, veremos las formas de presentar las pruebas recibidas de un aliado sin revelar su verdadero origen; pero por ahora, aun si te sientes muy desesperada ¡te suplico que no reveles el nombre de tus informantes!

Una vez hecha esta advertencia, te exhorto a que empieces a pensar en las personas de tu entorno con la idea de escoger un colaborador. Luego, si no se te ocurre nadie, considera los siguientes candidatos:

La esposa o la novia del mejor amigo de tu esposo la esposa o la novia del mejor amigo de tu esposo tiene la versión del otro lado de las «conversaciones de hombres» que te has perdido. Sin duda, su esposo comunica información sobre tu pareja, así como tu pareja te cuenta sobre su mejor amigo. Podría sentirse apenada por ti si se entera de la infidelidad de tu pareja o pensará que Dios los cría y ellos se juntan y se preguntará si su esposo o su novio se dedica a las mismas actividades extracurriculares. Estará dispuesta a hacer un pacto contigo y accederá a decirte cosas de tu pareja si tú le comunicas información sobre su chico, sobre todo si se siente insegura respecto de su relación. Desde luego, es una alianza riesgosa porque siempre está la posibilidad de que le cuente a su pareja sobre tus sospechas. Por tanto, sería prudente formar esta asociación únicamente si esa mujer sospecha de su propia pareja o si antes ya lo atrapó en un engaño. En cualquiera de estos casos, es probable que simpatice contigo y no es muy probable que vaya a minar tus esfuerzos por saber la verdad.

El antiguo mejor amigo de tu esposo o su enemigo «más cercano» sobra decir que entiendes lo que quiere decir «mejor amigo». Con «enemigo más cercano» me refiero a alguien que fue muy próximo a tu pareja pero con el que tuvo una ruptura grave y reciente. Ten presente que esta persona puede tener sus propias intenciones y maquillaría la verdad con el fin de ajustar cuentas con tu pareja, pero eso no quiere decir que no oigas lo que pueda decirte. Aun si sólo diez por ciento de lo que diga es verdad, es un diez por ciento que no conocías. Lo mejor de contar con la ayuda de este aliado es que no tienes que preocuparte de que le revele tu plan a tu pareja; por lo menos, no mientras estén enemistados.

La hermana de tu pareja u otra mujer de su familia ¡aquí tienes que hilar muy fino! La sangre es más espesa que el agua. Sin embargo, si tienes una buena relación con la familia de tu pareja, si te respetan y les molesta que sufras por sus actos, un miembro de su familia puede ser un gran aliado. Funciona mejor si su hermana era amiga tuya antes de que lo conocieras a él y si ella o él y otra mujer de la familia no se llevan bien por cualquier motivo.

Un compañero de trabajo un compañero de tu pareja que también sea tu amigo es otro posible candidato. Los compañeros están enterados de la cháchara del comedor y hasta podrían oír casualmente a tu pareja hablando por teléfono con otras mujeres. En ese sentido, pueden ser una fuente invaluable de información. Aun si tu pareja no es tan indiscreto como para sincerarse con un compañero, este aliado puede por lo menos mantenerte al tanto de las habladurías del trabajo. Cierto que los chismes no son sino chismes, pero es común que estén fundados en una verdad siquiera parcial. Un compañero también puede conseguir información, digamos, del directorio de contactos de tu pareja o reunir documentos que consideras importantes y que él guarda en la oficina.

Naturalmente, un compañero es también una gran fuente de información sobre los horarios de labores de tu pareja. ¿De verdad ha dedicado horas extras a un proyecto? ¿Realmente fue a una convención? Además, un compañero tendría información sobre la secretaria de tu pareja (¿en realidad es gorda y fea?) y sobre otras personas con las que trabaja.

Si decides formar una alianza con un compañero de tu pareja, es muy importante que te contengas cuanto sea posible y no menciones su nombre. Cuando tu pareja se dé cuenta de que tú y este compañero se hicieron amigos, puedes estar segura de que va a secarse el pozo de información. Tampoco hace falta decir que antes de trabar esa alianza debes entender en forma completa y precisa la relación de esta persona con tu pareja. ¡No te gustaría enterarte de que la compañera que pensaste que era tu aliada es en realidad la otra mujer!

Conocidos si amistades y familiares no saben o no quieren aportar la información que necesitas, podrías ampliar tu búsqueda a las personas con las que tú y tu pareja tienen un contacto causal, sea esporádico o cotidiano. Estas personas (que son mejores como informantes que como aliados) están entre los vecinos, peluqueros, mensajeros, condiscípulos, tenderos, contadores, maestros, secretarias, niñeras, cajeros, contadores fiscales, encargados de la tintorería, recepcionistas y, sí, hasta ex novias. No es necesario someterlos a un interrogatorio exhaustivo, pero te sorprenderás de la cantidad de información que se obtiene planteando preguntas de aspecto inofensivo.

Grupos de apoyo el último grupo de personas que puede ayudarte en tus pesquisas, es el de las que se conocen en alguna página de Internet dedicada a los sobrevivientes de infidelidades. Pertenezco a varios grupos de esta clase y he encontrado recursos sumamente útiles. Por ejemplo, tal vez quieres hacer una llamada para averiguar el paradero de tu pareja. En lugar de llamar tú misma y correr el riesgo de alertarlo de tus sospechas, acudes a la ayuda de otro miembro del grupo. Como quienes se unen a estos sitios simpatizarán con tu situación, es de creer que estén muy dispuestos a brindarte el favor. Pero independientemente de que te ayuden o no en tu búsqueda de pistas, sin duda servirán como caja de resonancia para tus pensamientos o, por lo menos, un lugar para desahogarte. Pero asegúrate de que cuando visites un sitio en Internet para sobrevivientes de infidelidades, borres los registros del historial de la computadora y hagas lo necesario para que tu pareja no descubra que estuviste ahí. Como dijimos, no te conviene que sepa que lo vigilas y te tome la delantera en su juego.

Por supuesto, debes guardar la información que reúnas con aliados y conocidos en tus expedientes mentales. Cuando compares lo que diga tu pareja con la información reunida en esas fuentes, podrás determinar si la versión de tu pareja es un *Misterio sin resolver* o un *Engaño fehaciente.* Aun si la explicación es coherente, hay que archivarla hasta que concluyas tu investigación.

Cómo cubrir tus pisadas

Ahora que estás a la mitad de una búsqueda completa de pruebas, tienes que sumar otra destreza importante a tu repertorio. Debes perfeccionar el arte de cubrir tus pisadas, de explicar por qué hurgas en su cartera, sus bolsillos o lo que sea. Te he advertido una y otra vez que procedas con el mayor cuidado, pero hasta los profesionales llegan a ser atrapados en el acto de reunir pruebas.

Por eso es tan importante establecer un motivo para estar en cierto lugar *antes* de haber llegado. Por ejemplo, antes de que te atrapen examinando la cartera de tu pareja, prepárate para decir que buscas dos billetes de cincuenta para cambiar por el de cien *que tienes en la mano*. Antes de revisar el piso de su auto, menciona el arete que crees que se te cayó ahí. Luego, cuando llegue por la espalda y te descubra en cuatro patas dentro de su auto, puedes decir (esperemos que sin ponerte nerviosa): «¿Te acuerdas del arete que te dije que perdí el otro día? Mi hermana quiere que le preste ese juego». La excusa del arete funciona bien en muchas situaciones, como al buscar en el piso del baño y las sábanas, porque es tan pequeño que se puede fingir que se perdió prácticamente en cualquier lugar sin despertar sospechas.

Otra táctica es entregar a tu pareja una carta que quieres que envíe por correo. Luego, un par de días después, si te atrapa revisando su portafolios, mochila o los bolsillos del abrigo, puedes asegurarle que la carta nunca llegó y que estás verificando si se acordó de enviarla. ¿Comienzas a vislumbrar de qué se trata? Fíjate que no es necesario que tu excusa sea creíble, lo importante es tenerla. Por ejemplo: «Estoy viendo tu computadora portátil porque mi hermana quiere comprarse una y quiero decirle qué sistema tienes». Otro ejemplo: «Quería comprarte una computadora nueva para tu cumpleaños y necesitaba ver cuál es compatible con el sistema que ya tienes». ¿Suena creíble? Es probable que no, pero muchas de sus historias serían igualmente ridículas, ¡qué importa entonces!

Algunas situaciones piden más creatividad que otras. Por ejemplo, si tu pareja te encuentra mirando su recibo del teléfono, puedes responder preguntando por qué sus cargos de servicio mensual son más baratos que los tuyos. Si te descubre estudiando el estado de la tarjeta de crédito, puedes decir que planeas cambiarte de banco y quieres comparar los cargos por financiamiento con los tuyos. Estoy segura de que puedes encontrar montones de explicaciones propias. Sólo recuerda que debes preparar tus parlamentos antes de ponerte a escudriñar, para que puedas decirlos sin titubeos.

Antes de que cambiemos de tema, observa que estas técnicas también pueden ser útiles más adelante, cuando presentes la acusación a tu pareja. Como veremos en el capítulo 3, lo primero que te dirá tu pareja cuando le muestres las pruebas en su contra es: «¿Qué hacías esculcando en mi auto?» Créeme si te digo que las cosas serán mucho más fáciles si estás preparada con tu respuesta: «¡Buscaba mi arete!» Así podrás pasar a los asuntos más importantes.

Cuándo detenerse

Una de las partes más importantes de emprender esta cacería es saber cuándo parar. Llega un momento en que tienes que aceptar que ya es suficiente. Ese momento llegará en diversas coyunturas según la persona, pero es crucial que te des cuenta, tomes distancia, evalúes y decidas cuál será tu siguiente línea de acción.

La señal más clara de que llegaste al final de tu búsqueda es cuando te percatas de que puedes hacer una acusación sólida contra tu pareja. En este punto, habrás recolectado información de aliados y otros informantes, habrás confirmado la validez de una buena parte de esa información con pruebas materiales como notas, cartas y recibos telefónicos, y quizá hasta habrás redondeado tu caso con fotos o tus propias observaciones. Es posible que explicaciones de tu pareja que estaban clasificadas como *Misterios sin resolver* hayan pasado a tu expediente de *Engaños fehacientes*. Al llegar a este punto, no hay muchos motivos para seguir buscando. Desde luego, siempre existe la posibilidad de que hayas perdido el tiempo en una búsqueda infructífera. En ese caso, ¡felicitaciones! De todos modos, hazte consciente de que el solo hecho de que hubieras sentido la necesidad de investigar a tu pareja indica que hay un problema en la relación. Busca una asesoría a toda costa.

Otra indicación de que ha llegado la hora de detenerse es que te absorbe tanto la investigación que ya no puedes concentrarte en nada más. Por ejemplo, estás tan dedicada a reunir pruebas que ya no comes ni duermes, no te haces cargo las actividades de la vida cotidiana ni puedes pensar en nada que no se relacione con buscar pruebas de la infidelidad de tu pareja. Tal vez te pones a seguir todos los autos que se parezcan al modelo de la amante de la que sospechas, a llamar a su casa y colgar o a catear los mismos lugares una y otra vez, en busca de algo que quizá ya habías encontrado. Cuando pase esto, ¡no prosigas con tu búsqueda!

A algunas personas les cuesta trabajo dejar de reunir pruebas porque la emoción de la búsqueda produce un torrente de adrenalina. Pero seguir investigando cada palabra, historia y número telefónico suelto es innecesario e incluso autodestructivo. Tan importante como no acabar la búsqueda prematuramente, es no obsesionarse con hechos que ya confirmaste. Por ejemplo, si ya fuiste a la casa de la nueva mujer y viste el auto de tu pareja estacionado afuera, no es necesario volver todos los días. Si encontraste fotos y cartas de amor, no hace falta seguir buscando pelo. ¡Es el momento de olvidarlo! Puedes dar un uso más positivo a esta energía adicional si trazas tu siguiente plan. También ten presente que algunas de las pruebas nunca se explicarán ni se acomodarán en el rompecabezas. Siempre que hayas reunido pruebas suficientes, no es indispensable colocar todas las piezas: ya tienes el cuadro general.

Para la mayoría de las personas, la conclusión de la búsqueda, antes que traer un suspiro de alivio, es un tiempo difícil y confuso. Ahora tienes la obligación de lidiar con la realidad de tu relación. Hasta es posible que quisieras no haber empezado nunca la búsqueda. Pero por difícil que te parezca, tienes que resistir otro poco y planear la confrontación. De eso trata el capítulo 3, que es una guía para volver a valorar tu meta final y ayudarte a decidir cuándo, dónde y cómo le presentarás a tu pareja las pruebas que reuniste.

capítulo 3

Confrontación

¡Lo HICISTE! Invertiste mucho tiempo y esfuerzo en tu investigación y estás segura de que las pruebas que hallaste indican que tu pareja es infiel. Con suerte fuiste capaz de conservar tu cordura (y no has ido a parar al hospital psiquiátrico ni has hecho nada para que te encarcelen), porque vas a necesitar mucha fortaleza para avanzar hacia la siguiente fase: la confrontación.

Es muy probable que esta etapa te resulte agridulce. Aunque puedes sentir satisfacción como resultado de tu arduo trabajo y tu perseverancia, lo que has descubierto sin duda provocará enojo o tristeza. Para muchas mujeres, la búsqueda puede haber sido relativamente fácil; para otras, puede haber sido una experiencia que parecía interminable y que las sometió a una dura prueba de estrés mental, físico y emocional. No importa cómo llegaste a este punto, es hora de tomar distancia y reafirmar el propósito que te llevó a reunir evidencia en primera instancia. Luego tienes que establecer un plan de acción.

Revisa tus objetivos

¿Crees que vale la pena salvar tu relación? Esta es una pregunta importante que debes responder con honestidad antes de confrontar a tu pareja. ¿En verdad estás lista para dejarlo ir, o sólo quieres presentarle pruebas suficientes a tu pareja para advertirle que sabes en qué anda y que más le vale enderezarse? En cualquier caso, tendrás que ser muy cuidadosa con respecto al tipo de evidencia que le muestres y cuánta decidas mantener oculta.

Con frecuencia, una pareja infiel tratará de tentarte con aquel viejo ofrecimiento de «muéstrame todas las pruebas que tengas en mi contra antes de que yo admita algo». Durante este estira y afloja, el que engaña evalúa la solidez de la acusación antes de decidir si realmente necesita reconocer su culpabilidad. ¡No caigas en la trampa! Ya sea que planees darle otra oportunidad o no, jamás reveles más que unos cuantos fragmentos de información. Por ejemplo, podrías querer decirle que el medidor de su auto marca demasiados kilómetros como para que simplemente haya estado yendo al gimnasio y de regreso. O podrías decirle que hallaste la carta de su ex, pero no le hagas saber que encontraste su número repetido una y otra y otra vez en su recibo de teléfono.

Una razón para mantener encubiertas algunas pruebas es que, en caso de que decidas darle otra oportunidad y continuar la relación, conservar algunos de tus trucos y tácticas en secreto te permitirá vigilarlo en el futuro. Está bien que él crea que estuviste revisando sus bolsillos (probablemente, de todas formas, él ya lo sabía), pero no es sensato ponerlo sobre aviso acerca de la cámara de video que usaste para documentar sus actividades en la alcoba. (Una vez que se entere de eso, tenlo por seguro, nunca más volverá a dejar que suceda.) Guárdate algunas técnicas de investigación en la manga. De esa manera, en el futuro podrás averiguar si se ha enmendado o si sigue echando mano de los mismos viejos trucos.

Incluso si planeas mostrarle la puerta de salida a tu pareja —y que no habrá segunda oportunidad—, no es sensato divulgar toda la evidencia. Dale sólo lo mínimo indispensable. Hay una buena posibilidad de que intente defenderse con más mentiras, quejándose de que lo que tú descubriste fue sólo «un único arrebato» y que «ella no significa nada» para él. Él podría argumentar que «la otra mujer» era quien lo perseguía a él y que simplemente fue víctima de una acosadora. O podría tratar de convencerte de que al principio a ella le gustaba uno de sus amigos y él quedó atrapado en medio de ambos, como inocente intermediario. Mientras escuchas sus mentiras, descubrirás la verdad. Las pruebas que no has compartido con él —tú tienes una copia de su recibo de teléfono con más de cincuenta llamadas a casa de ella; encontraste algunos de sus cabellos en la regadera o escuchaste los «amistosos» mensajes que ella le dejó en la contestadora— te darán la fortaleza y la seguridad para caminar hacia la puerta... y saber que estás tomando la decisión correcta.

Otra razón para mantener oculta parte de la evidencia, es prevenir que el culpable cambie la jugada y te ponga a ti a la defensiva. Ésta es una táctica común, en la cual, quien es sorprendido cuando engaña se transforma en el indignado acusador, que te obliga a defenderte explicando dónde y por qué estabas donde estabas, para obtener lo que obtuviste. Más adelante, en este mismo capítulo, exploraremos las maneras de reconocer y manejar este tipo de situaciones, en una sección llamada «Juegos mentales estilo Jedi» (página 89). Por último, si tú despliegas todo el contenido de tu bolsa de trucos, tu pareja infiel seguramente alertará a sus amigos para que se mantengan atentos por si sus novias o esposas les aplican las mismas tácticas.

No puedo hacer más énfasis en este punto: nunca ofrezcas demasiadas pruebas. Déjalo que especule acerca de tus fuentes de información; deja que se pregunte si habrás contratado a un investigador privado.

Cuándo, dónde y cómo

Una vez que hayas decidido qué quieres obtener de la confrontación —tanto si quieres darle «otra oportunidad» o simplemente «decir adiós»—, es hora de determinar la manera más productiva de proceder.

Sea cual sea tu plan, trata de evitar ponerte a despotricar y gritar como loca en cuanto lo veas llegar. Esa no sólo es una forma nada efectiva de abordarlo, sino que además es emocional y físicamente desgastante. Piénsalo con detenimiento. Imagínate a ti misma parada ahí, gritándole acusaciones, y luego observa cómo da media vuelta y vuelve a salir por donde entró. ¿Y ahora qué? Ahí estás tú con todas tus pruebas listas y esperando la oportunidad, actuando como una loca que ha perdido la cabeza. Una parte importante de tu confrontación consiste en que seas capaz de tomar nota y evaluar sus respuestas y su lenguaje corporal mientras le vas presentando fragmentos de la evidencia. Y lograr eso es imposible cuando estás gritando, aullando y arrojándole cosas. No es un buen plan.

Cuando te estés preparando para confrontarlo, también es importante que sepas la clase de persona a la que te estás enfrentando. Cuando se siente arrinconado, ¿él es del tipo que suele enfurecer y que incluso podría amenazarte físicamente? Si es así, no necesitas leer este libro para encontrar una razón de peso para terminar con esa relación. ¿Es del tipo que tiende a alzar la voz y hacer una escena? Si esa es su reacción más probable, asegúrate de elegir el terreno adecuado. Aunque tal vez desees la seguridad que te brindaría confrontar a tu pareja en un sitio público, como un restaurante, quizá no quieras pasar por la vergüenza de una pelea a gritos. ¿O es del tipo de hombre que mostrará culpabilidad y remordimiento al instante, e incluso quizá derrame una o dos lágrimas? Si existe esa posibilidad, mantente firme y concentrada, ¡y asegúrate de tener una caja de pañuelos desechables a la mano!

El arte de una confrontación verdaderamente efectiva se halla en saber que has reunido datos más que suficientes para probar tu acusación, y que los has organizado siguiendo un orden lógico, quizá incluso cronológico. Cuando digo suficiente información para «probar» tu acusación no me refiero a que necesites probarle nada a tu pareja. Me refiero a que necesitas probártelo a ti.

Es importante contar con más que un solo pedacito de evidencia para probar tus sospechas. Claro, encontrar una carta de la nueva auxiliar de la oficina en el fondo del cajón de sus calcetines que se explaya en que no puede «dejar de pensar en esas noches maravillosas en que permanecimos acostados abrazándonos e hicimos el amor increíblemente», quizá parezca ser suficiente como prueba, pero no quites el dedo del renglón. Verás: para poder llevar a cabo una confrontación con éxito, esa carta debería apoyarse con más pruebas. Por ejemplo, además de la carta debes haber encontrado en algunas de sus camisetas un ligero aroma a un perfume que definitivamente no es el que tú usas, y largas hebras de cabello rubio siguen apareciendo en el asiento del copiloto de su coche. He sabido de muchos casos en que las mujeres confrontaron inmediatamente a sus parejas a la primera señal de infidelidad, ya fuera una carta, el recibo de un motel o una prenda que olía a un perfume ajeno. En muchos de esos casos, los esposos infieles lograron explicar la flagrante pieza de evidencia. Incluso conocí a un tipo que adujo que se le estaba «tendiendo una trampa». Sin embargo, tarde o temprano la verdad sale a la luz, por lo general cuando afloran más pruebas. Así que trata de controlar cualquier impulso de presentar una acusación de inmediato. Siempre es mejor reunir suficientes datos para probar (a ti misma) la infidelidad de tu pareja.

Como ocurre con cualquier crimen, la manera más efectiva de hallar la verdad —que es la base ideal para llevar a cabo una confrontación— es atrapar al sospechoso en el acto. Aunque enfrentar este tipo de realidad es, sin duda, más efectivo, también es muy doloroso. Pero si eres del tipo de mujer que está decidida, eres capaz y suficientemente fuerte para atrapar a tu pareja infiel con las manos en la masa. Hay algunas estrategias que puedes poner en práctica para implementar el plan.

Recuerda: nada es más certero y revelador que el elemento sorpresa. Por ejemplo, descubres que las mañanas de los viernes, poco después de que te vas a trabajar, tu pareja tiene «compañía». Tómate el día libre y regresa a casa sin avisar. ¡Eso sí lo hará saltar de la cama! En tal caso no hace falta presentar ninguna otra evidencia; el momento hablará por sí solo. O si sabes que la pareja, que no sospecha nada, ha planeado encontrarse en un motel alejado o pasará el fin de semana con alguien, bajo la apariencia de un «seminario de la compañía», síguelos hasta su destino. Una vez que se hayan metido en su habitación, aguanta la respiración hasta que se apaguen las luces y entonces, ¡sorpresa! Creo que ya te diste una idea. Y probablemente haya una buena historia después del título «Lo sorprendieron con los pantalones en los tobillos».

Conozco a una mujer que siguió a su esposo hasta el departamento de su amante. Esperó tras la puerta, escuchando, y aguardó hasta oír un lapso de silencio en el departamento. Después de tocar, deslizó una nota bajo la puerta, pidiéndole a la amante que mandara a su esposo abajo cuando terminara con él. Entonces la esposa se fue al estacionamiento y esperó en el coche de su marido. Créeme, ¡él no pudo decir nada!

Si no tienes la oportunidad de llevar a cabo tu plan y atraparlo en el acto, puedes poner en práctica la segunda mejor estrategia: pescarlo en una mentira. Esto implica esperar el momento justo, el momento en que estés segura de que está mintiendo con respecto a su ubicación. Como la noche en que asegura que está en el gimnasio con Fred, pero Fred ha llamado ya dos veces esa noche, buscándolo. También tienes evidencia que respalda el hecho de que en los últimos meses él ha estado viendo a otra mujer durante sus supuestas «noches de gimnasio». Cuando llegue a casa, si diriges el diálogo de manera adecuada, podrás atraparlo en la mentira. La siguiente conversación es un ejemplo:

Ángel: ¿Qué tal te fue en el gimnasio?
Demonio: Bien.
Ángel: Pasé por ahí y no vi tu coche.
Demonio: Fui con Fred.
Ángel: Entré al gimnasio y no estaban ahí. (Recuerda que en realidad nunca saliste de casa).
Demonio: Me fui temprano.
Ángel: ¿Siempre te vas temprano?
Demonio: No, sólo esta noche. ¿Por qué?
Ángel: Oh, porque yo *siempre* paso por el gimnasio y tu

coche *nunca* está ahí, y tu *nunca* estás adentro y Fred *siempre* llama aquí, buscándote. Así que la semana pasada decidí seguirte... ¿y adivina qué descubrí?

¿Ya entendiste? Aunque quizá nunca lo hayas seguido de verdad (podrías simplemente haber escuchado los mensajes en su buzón de voz, o uno de tus aliados podría haberte alertado), de todas maneras puedes atraparlo con las manos en la masa en plena mentira. Y ten por seguro que a ésta le seguirán otras.

Otra estrategia para atrapar a tu pareja en una mentira, es empezar con algunas preguntas inocentes antes de darle de lleno entre ceja y ceja con las preguntas serias. Por ejemplo: has descubierto que tu esposo anda con alguien de su trabajo, y que se ven los martes en la noche. Cuando llegue a casa el martes ya tarde, la estrategia consistiría en comenzar una conversación como esta:

Ángel (comprensiva): Pobre, debes estar agotado luego de un día de trabajo tan largo.
Demonio (sintiéndose a gusto): Ajá; ha sido difícil tratar de terminar ese proyecto antes de la fecha límite.
Ángel: Por cierto, ¿quién es Jenny, y cuántos martes más vas a fingir que trabajas hasta tarde mientras en realidad sales con ella?

Aquí la estrategia es hacer que se sienta confiado y atraparlo desde la primera mentira antes de que empieces a revelar qué sabes. Si comienzas con un acusador «¿dónde estuviste esta noche?», él sabrá que algo tramas e inmediatamente tratará de cubrir sus huellas. Es mucho mejor permanecer ecuánime y dejar que él se sienta a gusto mientras lo acorralas. En otras palabras, no dejes que te vea venir.

Siempre es bueno plantear preguntas para las cuales tú ya tienes las respuestas. Vamos a decir que luego de que confrontas a tu esposo en relación con su romance con Jenny, él parece sinceramente arrepentido y promete romper con ella. Unos meses después, sin embargo, las señales de infidelidad comienzan a aflorar, junto con pruebas incriminatorias. En el momento oportuno, una vez más tú confrontas a tu esposo:

Ángel (casual e inocente): ¿Todavía le hablas a Jenny?
Demonio: Nop. Para nada.
Ángel: ¿Tú crees que ella aún te ama?
Demonio: ¿Cómo rayos voy a saberlo? Ya te dije que nunca hablo con ella.
Ángel: ¿Entonces de qué se tratan estas cartas y por qué estaban escondidas en la guantera de tu coche?

Por supuesto, él podría echar mano de la excusa «es una acosadora», pero tú ya hiciste tu tarea y sabes la verdad. Has visto su coche estacionado a la vuelta de la esquina de su casa muchas veces en las últimas semanas, y su teléfono se repite en su recibo de teléfono celular una y otra y otra vez…

Sí, ciertamente es importante armar un buen caso antes de confrontar a tu pareja infiel. Por muy tentador que pueda resultar agarrar tu primer trozo de evidencia y lanzarte a la batalla, estratégicamente eso no sirve. Hacerlo sólo le dará la oportunidad de inventar algo para salir del paso. Él podría explicar fácilmente por qué su coche estuvo estacionado frente a la casa de ella toda la noche («se descompuso y fui caminando hasta la gasolinera»), pero será mucho más difícil explicar *además* por qué las cartas estaban en su coche, o por qué hay una cuenta de restaurante tan abultada en su estado de cuenta de la tarjeta Visa en la fecha que corresponde al cumpleaños de ella.

Juegos mentales estilo Jedi

¿Alguna vez has estado en una situación en la cual tenías todos los datos y estabas lista para desatar la guerra, pero una vez que la confrontación comenzó, descubriste que estabas a la defensiva? Las cosas se volvieron tan confusas y retorcidas que, de alguna manera, en cosa de segundos, tú terminaste bajo ataque, luchando por justificar tus acciones. Eso que experimentaste, o dicho de manera más apropiada, eso de lo que fuiste víctima, es a lo que yo humorísticamente llamo juegos mentales estilo Jedi.

Estos juegos mentales estilo Jedi son tan rápidos que difícilmente logras saber qué te pegó, así que puedes comenzar desatando una guerra justificada, pero terminar disculpándote con el villano. Y mientras te alejas, probablemente te preguntes: «¿Qué rayos fue lo que sucedió?» Estoy aquí para decirte que has estado siendo víctima de uno de los trucos más viejos del manual. He aquí un ejemplo de la conversación que se desarrolla durante un clásico juego mental Jedi:

> Ángel: Encontré este condón usado en tu bote de basura.
> Demonio: ¿Y qué insinúas?, ¿que debe ser mío?
> Ángel: ¡Tú eres el único que vive aquí!
> Demonio: ¿Y qué? ¡Tom, Dick y Harry se la pasan aquí todo el tiempo! Ah, ¿así que ahora registras mis botes de basura? ¿Qué caramba te pasa? ¿Acaso no confías en mí? (suspiro de exasperación). ¿Sabes qué?, tú y tus pequeñas inseguridades realmente están empezando a atacarme los nervios. ¡Pero qué paranoia! ¡Tienes serios problemas!

¿Sabes qué? No puedo vivir así... No creo que esto vaya
a funcionar.

Y, antes de que te des cuenta, te encuentras a la defensiva,
disculpándote con él.

Una de las mejores maneras de evitar convertirte en
una víctima de este tipo de juego mental, es abrir bien
los ojos y estar consciente de sus características particu-
lares, que son variadas. Para empezar, en el típico juego
mental Jedi, antes de haber podido tratar el asunto que
hayas planteado, te encontrarás inmediatamente bajo
fuego. Este es el clásico intento de ganar tiempo mientras se le ocurre alguna clase de explicación. Durante la
confrontación, también es muy probable que te acuse
de ser posesiva, insegura, loca, psicótica, taimada, bus-
capleitos, controladora, una inmadura que tiene ganas
de pelear, igualito que su ex novia... y todo antes de que
obtengas una explicación adecuada a las pruebas que presentaste. Estas tácticas, que te hacen a un lado mientras
él escapa por el otro, a menudo tienen un éxito sorprendente. En cuanto la pregunta de por qué hay una panta-
letas de encaje de otra mujer remetidas bajo las sábanas
al pie de su cama se torna un ataque personal a tu carácter y tu estabilidad mental, estás en medio de un juego
mental al estilo Jedi. ¡No caigas en él!

La mejor manera de evitar esos trucos es sacarles la
vuelta en primera instancia. Tal como aprendiste en el
capítulo anterior, recuerda que siempre debes tener una
razón para estar donde estabas cuando encontraste lo
que encontraste. Eso te ayudará a evitar el revire del tipo
«¿por qué estabas buscando en el bolsillo de mi abrigo?»
Trata de acomodar los hechos al confrontarlo, de tal
manera que la información que hayas obtenido parezca

haber caído «accidentalmente» en tus manos. Si puedes, evita tener que confesar que estabas husmeando.

Otra manera de evitar el juego mental Jedi es tener siempre numerosos elementos a la mano. Luego, cuando él trata de atacarte o minimizar la validez del primer elemento probatorio, puedes golpearlo con otro y otro hasta que se desmorone bajo tus sucesivos ataques. Como descubrirás, aunque a él podría resultarle sencillo rebatir un elemento de prueba, le resultará mucho más difícil explicar una serie de hechos incriminatorios.

Si descubres que caíste en la trampa de un juego mental Jedi, trata de voltearle las cosas. Pégale con una afirmación como «Aún no has respondido mi pregunta», «¿De veras crees que soy tan estúpida?», «No trates de voltear las cosas» o «Buen intento; ¿de qué película sacaste esa historia?» Hacer el comentario adecuado en el momento preciso atenuará la dureza de su ataque al concentrar de nuevo la atención donde debe estar: en él y sus lamentables y frágiles explicaciones. A manera de ejemplo, considera el siguiente diálogo:

Ángel: Encontré este condón usado en tu bote de basura.

Demonio: ¿Y qué insinúas?, ¿que debe ser mío?

Ángel: ¡Tú eres el único que vive aquí!

Demonio: ¿Y qué? ¡Tom, Dick y Harry se la pasan aquí todo el tiempo! Ah, ¿así que ahora estás registrando en mis botes de basura?

Ángel: Pues vi que estaba muy lleno y decidí vaciarlo.

Demonio: ¿Qué rayos te pasa? ¿Acaso no confías en mí?

Ángel: ¡Deja de tratar de voltear las cosas y responde la pregunta! ¿De dónde salió este condón?

Demonio: ¿Sabes qué? ¡Tú y tus pequeñas inseguridades

realmente están empezando a atacarme los nervios!

Ángel: Sigo esperando una respuesta... y ya que estamos en esto, también puedes decirme quién es la rubia y a dónde vas los viernes en la noche, cuando se supone que te quedas trabajando hasta tarde.

Demonio: ¡Pero qué paranoia! ¡Tienes serios problemas!

Ángel: ¿Realmente crees que soy estúpida? ¿Pensaste que nunca me iba a dar cuenta?

Demonio: ¿Sabes qué? No puedo vivir así...

Ángel: Todavía no puedes responder la pregunta, ¿verdad?

¿Ves qué bien resultó? En cosa de segundos tú puedes transformar un juego mental estilo Jedi, que podría resultar abrumador, en un interrogatorio a gran escala y además salir triunfante. Ahora, ¿estás lista para intentar esto en casa? Una vez que has logrado evitar o sustraerte al juego mental Jedi, puedes llegar hasta la raíz de la confrontación. Este es el punto en que depositas todo (bueno, por lo menos una parte) en tu discurso. Una vez que hayas presentado los elementos de tu acusación, puedes observar y evaluar su reacción. En el siguiente capítulo aprenderás cómo interpretar sus respuestas, de manera que puedas determinar cuál es el mejor curso de acción.

Sin embargo, si te ves profundamente atrapada en un juego mental Jedi —si caíste y te está costando mucho trabajo levantarte—, ¡no te des por vencida! Es hora de recurrir a una táctica diferente y poner a prueba su palabrería. Haz que corrobore su supuesta historia. Esta táctica es infalible y muy efectiva. Sugiere que «llamemos» a su tía para verificar si él realmente pasó la noche en su casa, o que «chequemos» con su prima para ver si esa cartera de piel se la dio ella realmente. Al poner a prueba su historia, también tienes que estar preparada para que él te dé batalla a cada paso del proceso. Él puede contraatacar soltándote algo como «¡No puedo creer que en serio vayas a llamar a mi tía!», «¿Por qué quieres involucrar a otras personas en nuestros asuntos?» o «Es increíble que desconfíes de mí. Ya tuve suficiente. ¡Se acabó!» Ajá, ajá, ajá: de todas maneras haz la llamada. Y hazla en ese preciso momento, antes de que él tenga oportunidad de llamar primero y pedir que respalden su historia. ¡Bajo ninguna circunstancia permitas que te convenza de no hacer la llamada! Será mejor verificar la historia en ese momento, en vez que hacerte de la vista gorda ante lo obvio y continuar lidiando con eso en el futuro.

Mantén tus fuentes en secreto

En el capítulo 2 hablé de la importancia de mantener a buen recaudo tus fuentes de información. Dado que se trata de un punto tan importante, vale la pena hablar de él aquí.

Revelar cualquier medio de información, ya sea un informante, un recibo de teléfono o una operación de vigilancia personal, siempre es una mala idea. Eso no sólo le brindará a tu pareja alguien en quien descargar su ira (si la fuente es un informante), sino que también lo pondrá sobre aviso, alertándolo para cubrir mejor sus huellas en el futuro.

Siempre hay una manera de explicar cómo obtuviste la información que reuniste sin dar a conocer tu fuente. Por ejemplo, si estuviste revisando sus recibos telefónicos y descubriste que el número de ella aparecía muchas veces, no le digas cómo obtuviste esa información. Sólo dile que en numerosas ocasiones (nunca des fechas exactas) presionaste el botón de remarcar en su teléfono y el número de ella aparecía en la pantalla. En el mismo tenor, no querrás que él sepa que lo viste ingresar la clave de su buzón de voz en el teléfono, o que obtuviste el código gracias a la función de remarcado, porque él no permitirá que eso vuelva a ocurrir.

Si obtuviste algunas pruebas incriminatorias por medio de un informante, especialmente si se trata de alguien a quien tu pareja conoce, es crucial que la identidad de esa persona permanezca en secreto. Y no dejes que tu infiel compañero te intimide y te lleve a pensar que tiene derecho a saber: no lo tiene. Obviamente él no puede negar el hecho de que pasó la noche del miércoles anterior en una cena romántica con alguna mujer que conoció recientemente en el gimnasio. Así que cuando lo menciones, realmente no tendrá importancia quién lo vio aquella noche: ¡él sabe que es culpable!

Sin embargo, si te sientes más cómoda inventando una historia para proteger la identidad del informante, siempre puedes aducir que te dio la información alguien a quien tu pareja no conoce, tal vez uno de tus compañeros de trabajo. Puedes decir que él o ella vio a tu pareja infiel y lo reconoció por la foto que tienes en tu escritorio. (Por supuesto, no digas nombres). También puedes atribuirte la acción, argumentando que lo seguiste y de hecho los viste juntos.

Sin importar cómo decidas manejar el asunto, jamás divulgues tus fuentes. Recurre a lo que sea necesario a fin de mantenerlas ocultas. Y recuerda que no sólo me refiero a las personas. Ten en mente que una vez que esté sobre aviso de que has obtenido evidencia de sus recibos de teléfono, estados de cuenta del banco, códigos del buzón de voz y los recibos de la tarjeta de crédito, nunca más permitirá que ni tú ni nadie tenga acceso a ellos en el futuro.

En suma

Después de que hayas reunido todas las pruebas necesarias, recuerda dar un paso atrás y recuérdate a ti misma el propósito de tu investigación. Tanto si vas a utilizar los datos que reuniste para decirle adiós a tu pareja infiel, como si le vas a dar otra oportunidad, este capítulo te ha mostrado algunas estrategias útiles para confrontarlo con la evidencia. En el siguiente capítulo aprenderás cómo interpretar sus respuestas, de manera que puedas decidir el mejor curso de acción.

capítulo 4

¿Y ahora qué?

¿QUÉ VAS A HACER AHORA, después de que mostraste tus cartas y exhibiste el juego de tu pareja infiel? Buena parte de la respuesta depende de la reacción que haya provocado tu confrontación. La forma como reaccione tu pareja y como se enfrente a las pruebas en su contra es crucial para determinar el curso futuro de la relación. Evaluar correctamente la reacción de tu pareja arrojará luces claras sobre la realidad de las cosas.

Cómo evaluar las reacciones

Por sólida que sea tu acusación, aunque tus pruebas sean muy convincentes, siempre existe la posibilidad de que tu pareja infiel no admita nada. Aun si tienes una foto suya con otra mujer en un cuarto de hotel, encontraste un bikini en su auto y desenterraste una pila de cartas de amor, de todos modos podría clamar su inocencia. Si es así, no te desalientes. Recuerda siempre que tu objetivo al emprender esta expedición fue reunir pruebas suficientes para que tú descubrieras la verdad, ¡no para él! Él ya sabe lo que pasa y es probable que también lo sepan muchas otras personas. No es importante convencer a tu pareja de su culpabilidad; eso ya lo sabe, aun si lo niega obstinadamente.

¡No pierdas tu tiempo! Si confías en que tienes pruebas suficientes para verificar tus sospechas, no necesitas que las valide. Tu propósito al hablar con él fue comunicarle que no eres ninguna tonta y que estás al corriente de su juego. No era para darle la oportunidad de seguir jugando contigo, obligándote a poner en duda tu cordura y lo que en el fondo ya sabes que es verdad. Cuando una persona que está acorralada por una gran cantidad de pruebas sigue sin admitir la verdad, demuestra que hará cuanto sea necesario para cubrirse la espalda. Si tu pareja se niega a asumir la responsabilidad de su conducta, hay pocas esperanzas de salvar la relación. Esto también significa que si tu meta al reunir las pruebas fue darle una sacudida con la intención de que se enderezara, es probable que debas detenerte y volver a evaluar la probabilidad de que eso suceda.

Por otro lado, también puede ser que tu pareja admita su infidelidad y que tenga una reacción emocional durante su confrontación. Hasta podría perder la compostura y sollozar histéricamente, repitiéndote una y otra vez lo avergonzado que está y pidiéndote que lo perdones. También podría prometer que no va a ocurrir de nuevo y suplicar que le des otra oportunidad. Desde luego que puede ser sincero, pero es importante que sepas distinguir entre «lamento lo que hice» y «lamento que me descubrieras». La primera afirmación es más legítima si se hace *antes* de que lo confrontes con las pruebas. Desgraciadamente, si ya presentaste tu acusación, es probable que la segunda posibilidad sea la más atinada. Cuando alguien está verdaderamente avergonzado de sus actos, siente remordimientos *en el momento en que se producen los actos*, no durante la confrontación. Piénsalo. ¿Se veía avergonzado en las fotos de ellos juntos? ¿Sonaba avergonzado durante las conversaciones telefónicas que escuchaste? ¿Se sintió avergonzado cuando se acostó con alguien más en el cuarto de hotel? Claro que no, pero qué conveniente es que se sienta avergonzado ahora que lo atrapaste. No digo esto para que rompas el vínculo emocional que podría llevar a una solución, sino para que te acuerdes de ser consciente de la realidad que está detrás de sus promesas y sus lágrimas.

También puede ser que te las estés viendo con alguien que en secreto siempre quiso que te enteraras de la existencia de la otra mujer. Ahora que lo sabes, tiene un medio de escapar de su compromiso contigo. Quizá terminó su parte de la relación hace mucho tiempo y no se tomó la molestia de informarte sobre su decisión. En este caso, vas a luchar con sentimientos de enojo contra ti misma, y te preguntarás si tenías que haber hecho toda esta investigación. Tal vez te enojes con tus informantes y los culpes del resultado. Es importante que te detengas, te recompongas y consideres con honestidad lo que ocurrió. No hay ningún culpable, salvo el timorato poco hombre que no fue franco contigo. En lugar de tratarte con la dignidad y el respeto que mereces, decidió mentir, escabullirse, fingir y hacer cuanto pudo para engañarte. Tú no tuviste parte en la muerte prematura de tu relación y estarás mucho mejor sin él.

Por último, tu pareja podría ser del tipo que acepta la realidad de lo que hizo, pero de alguna manera encuentra los medios para eludir cualquier responsabilidad por sus actos. Podría tratar de contarte un cuento sobre cómo fue acechado, asaltado y violado por esa loca. Esperará que creas que la mujer simplemente «se apareció» y él no pudo hacer absolutamente nada para no invitarla a pasar la noche. O quizá no le eche la culpa a la otra, sino a ti. Diría que tu mal humor constante, tus largas horas de trabajo o tus rechazos sexuales lo arrojaron a los brazos de la otra en un momento en que se sentía vulnerable. Lo más molesto de estas afirmaciones es que en lugar de enfrentar el problema que es obvio que tenía en su relación contigo, prefirió volar a encontrar otra oportunidad. Seamos realistas: ninguna relación es perfecta. Todas tienen sus dificultades, unas más que otras. Pero eso no significa que no haya que esperar la fidelidad de la pareja. Si pretendes quedarte con este hombre que prefiere alejarse de la relación en lugar de enfrentar los escollos que se presenten, harías bien en ponderar gravemente su estabilidad y madurez. Si trata de convencerte de que todos los hombres engañan a su mujer, de que la infidelidad es parte de la naturaleza humana y de que él no es diferente de los demás hombres, deberías sentirte muy preocupada.

Sí, las reacciones de las personas en una confrontación varían. Por eso es importante que veas las reacciones que acabamos de examinar más como una medida del comportamiento, que como una guía para determinar el futuro de tu relación. Sólo tú puedes decidir la dirección en que quieres avanzar.

Aprende qué está en juego

Después de terminar la confrontación y sopesar la reacción de tu pareja a las pruebas que presentaste en su contra, es hora de evaluar honestamente la calidad de tu relación y determinar si crees que valga la pena salvarla. Esta valoración no debe hacerse deprisa, sino que tienes que reflexionar y considerar con esmero.

La decisión que tomes en esta coyuntura es crucial para la dirección de tu relación y para el futuro de tu bienestar emocional y psicológico. Es el momento de considerar lo que vas a ganar y a perder por mantener una relación estropeada por la infidelidad. ¿Lo mejor es esforzarse por conservar la relación o dejar que termine? Debes tener en cuenta varios factores, como los hijos, la economía y las ideas religiosas. Honestamente, ¿crees que tu pareja es capaz de comprometerse? ¿Crees que podrás volver a confiar en él? ¿Es siquiera posible que vuelvas a ser feliz en esta relación? Al decidir si conservas o no la relación, acaso te haga bien pedir ayuda a alguien que te dé una mano para ordenar tus ideas y sentimientos. Entre las opciones están un terapeuta, un consejero espiritual o un tercero objetivo.

Esta decisión debe tomarse después de un examen detallado de factores importantes que se relacionan con la familia y la estabilidad, aunque muchas personas deciden sobre bases menos profundas. De las siguientes explicaciones para optar por quedarse con una pareja infiel, ¿cuántas de éstas has oído o usado tú misma?

No voy a permitir que esa mujer me robe a mi esposo.

- Independientemente de que se acuesta con otras, es un buen hombre.
- He invertido tanto tiempo y energía en esta relación que no quiero volver a empezar con otra persona.
- No me estoy haciendo más joven.
- En las buenas y en las malas, tomo mis votos en serio.
- Sé que me ama verdaderamente.
- Quiero tener un hijo antes de ser demasiado vieja.
- Es mi alma gemela.
- Está pasando por una etapa.
- Mis hijos lo quieren.
- ¡Pero si lo amo!
- Los chicos siempre serán chicos.
- No quiero estar sola.

Estas supuestas «razones» para reconciliarse, tienen el potencial de generar infelicidad y sufrimiento emocional para toda la vida. Como veremos enseguida, se basan en fallas lógicas.

- No voy a permitir que esa mujer me robe a mi esposo.
  Nadie puede robarse a tu marido si él no lo permite.
- Aparte de que se acuesta con otras, es un buen hombre.
  Hasta los asesinos en serie respetan los semáforos.
- He invertido tanto tiempo y energía en esta relación que no quiero volver a empezar con otra persona.
  Todo el tiempo y la energía del mundo no valen si tú eres a única que hace ese esfuerzo.
- No me estoy haciendo joven.
  Pero sus novias serán siempre jóvenes.

- En las buenas y en las malas, tomo mis votos en serio.
  Pero si él no los toma en serio, ¿para qué ser una mártir?
- Sé que me ama verdaderamente.
  El amor no es sólo un sentimiento; es un comportamiento.
- Quiero tener un hijo antes de ser demasiado mayor.
  ¿Qué tal si la otra mujer piensa lo mismo?
- Es mi alma gemela.
  Nada que no se cure con una terapia breve.
- Está pasando por una etapa.
  La vida está compuesta por etapas. ¿Así es cómo él las enfrenta?
- Mis hijos lo quieren.
  Es posible que los hijos de ella también lo quieran.
- ¡Pero si lo amo!
  ¿Al costo de no amarte a ti?
- Los chicos siempre serán chicos.
  Quizá es momento de fijarse en los hombres y olvidarse de los chicos.
- No quiero estar sola.
  ¿Cuántas noches más quieres pasar en vela preguntándote dónde está? Aunque no quieras aceptarlo, ya estás sola.

¿Ves lo que pasa con estas explicaciones? Cuando examines lo que está en juego y decidas si le das a Míster Infiel otra oportunidad, es muy importante considerar la probabilidad de que vuelvas a encontrarte en la misma situación. Si tu pareja ya es cuestionable y te quedas con él por una de las explicaciones anteriores, harías bien en tener los ojos muy abiertos. La probabilidad de que te dediques a seguirlo y a buscar pistas es muy grande, y si bien es cierto que la mayoría de las personas están dispuestas a sacrificarse o comprometerse en aras de cosechar alguna ganancia, ¡la ganancia debe valer el sacrificio! Por eso, antes de que decidas darle otro comienzo a tu relación, averigua si entiendes completamente y si estás preparada para los compromisos que tendrás que hacer para que esta persona regrese a tu vida. Y asegúrate de que él lo vale.

Los peligros del juego del gato y el ratón

Después de una evaluación cuidadosa y lenta, decides que tu relación se merece un último esfuerzo. Tu pareja se arrodilló, suplicó misericordia y juró renunciar a sus engaños. Sus remordimientos fueron sentidos y sinceros. En ese caso, es importante estar consciente (y atenta) de un juego llamado del gato y el ratón (o también policías y ladrones).

Al jugar este juego, en el que no hay reglas ni ganadores, cada jugador trata de ser más listo que el otro. El infiel sigue engañando y el detective sigue buscando pistas. El objetivo es proseguir a la caza de tu pareja en círculos interminables por el resto de tus días. En el juego, tanto el infiel como el detective perfeccionan sus empeños por superar al oponente. Al cabo, el infiel es atrapado y el ciclo completo de «confrontación, evaluación y última oportunidad» comienza de nuevo desde el principio. Antes de que te des cuenta, el juego volvió a cobrar impulso.

Entiendo tu deseo de recuperar la confianza en la persona que te traicionó, pero primero debes cerciorarte de que es digno de fiar. No debe jugar contigo. Piénsalo, ¿decidiste darle una segunda oportunidad a alguien que en la confrontación no dio respuestas adecuadas a tus preguntas? ¿Se negó a darte la información que tenías derecho a conocer? Si es así, es probable que seas una futura participante en el juego del gato y el ratón. Además, si no es la segunda oportunidad de tu pareja sino la tercera, la cuarta o la quinta, se multiplicó por diez la probabilidad de que ya hayas jugado al gato y al ratón y de que sigas jugando una y otra vez.

Independientemente de que tu pareja decida continuar o no con sus engaños, habrá ocasiones en que sientas la necesidad de buscar pistas al azar. Con suerte, tu pareja habrá modificado su conducta y no surgirán más pruebas de infidelidades. Por consiguiente, tu necesidad de investigar disminuirá al paso del tiempo, a medida que se acrecienta tu confianza en la relación. Si todo sale bien, estas indagaciones casuales serán infructuosas y al final las dejarás a un lado. Con esto no quiero sugerir que regreses al estado catatónico de bendita ignorancia, sino que, cuando decidas volver a confiar, tendrás que renunciar a parte de esos viejos hábitos detectivescos. Pero si resulta que ya no puedes quitarte el atuendo del investigador y sigues obsesionada por la necesidad de encontrar pruebas nuevas, quizá no era buena idea regresar a esta relación.

Al cabo...

Entonces, como acabas de ver, el futuro de tu relación depende en última instancia de ti. Tú puedes decidirte a negar las pruebas sólidas de la infidelidad de tu pareja en cuanto las tengas o puedes esperar y basar tu decisión en un conjunto de factores, empezando con su reacción ante las pruebas. Recuerda que, después de un examen detallado, tú eres la única que decide si vale la pena darle otra oportunidad.

capítulo 5

Introspección

EN LOS CAPÍTULOS ANTERIORES vimos algunas señales comunes de infidelidad, así como sugerencias y guías para reunir las pruebas que validen tus sospechas. También te enseñé algunas estrategias útiles para confrontar a una pareja infiel con la información que recopilaste, con el objetivo de terminar tu relación con él o de darle una oportunidad de que abandone sus hábitos desleales. Lo más importante fue subrayar la importancia que tienes tú en esta experiencia de búsqueda y confrontación. Ten siempre presente que la finalidad de tu empeño no es convencer al infiel de su conducta, sino verificar para ti misma las sospechas que tenías.

Si ya pasaste por la experiencia y se materializaron tus peores miedos, es posible que te sientas reivindicada por saber que tus sospechas no eran imaginadas, que no te estabas volviendo paranoica. Hasta es posible que te alegre el hecho de que ya no te tratarán como a una tonta. La jornada fue larga, cansada y a veces enloquecedora, pero tuviste el vigor, fuiste persistente y al final ganaste. Ahora vamos a recapitular. ¿Ganaste realmente? Es cierto que descubriste al infiel, pero ¿a qué costo?

Conozco muchas personas (y yo entre ellas) que ganaron la verdad pero «se perdieron» en el camino. Es posible que tú también te hayas perdido a ti misma. Las señales son obvias: no has dormido, no has comido (dejaste de comer), tienes los nervios destrozados, ya no hiciste ejercicio, volviste a fumar, bebes demasiado, te muerdes las uñas, tienes el estómago hecho un nudo, no puedes concentrarte, no quieres levantarte de la cama, lloras porque vuela la mosca, no sabes hablar de nada aparte de tu situación, tu salud desmejora y has desatendido a tus hijos, tu trabajo y otros compromisos, ¡y tienes un aspecto fatal!

Sin duda ganaste la batalla con tu pareja, pero a expensas de tu bienestar mental, físico y emocional. Muy bien. Hablemos de infidelidad. Miremos las cosas de frente: la realidad es que *tú* no has sido fiel... contigo misma.

La máxima traición

Muchas veces me pregunto por qué tantas personas (y aquí vuelvo a incluirme) se meten y siguen metiéndose en relaciones y compromisos enfermizos. ¿Por qué aceptan dedicar horas incontables a buscar, escarbar, sondear, engañar, espiar, esconder, escudriñar y husmear? ¿No se aprovecharía mejor el tiempo si se creyera, se confiara, se respetara la palabra empeñada? Aquí te preguntarás a quién creer, en quién confiar, a quién respetar. ¿Mi pareja? ¿Mis amigos? ¿Mi matrimonio? No, nada de lo anterior: ¡me refiero a ti! Creer en tu inteligencia, confiar en tu intuición y respetar tu necesidad de sobrevivir. Esto no significa que si tienes una intuición de que tu pareja te engañe, sea absoluta, indudable y completamente cierta. Lo que significa es que tienes la sensación de que hay un problema en tu relación y tienes que prestarle atención. Es el momento de abordar el problema y tratar de resolverlo.

¿Por qué se nos hace fácil confiar en nuestros instintos en tantos ámbitos (el de nuestros hijos, nuestra seguridad, nuestra salud) pero no necesariamente en nuestras relaciones? Es importante que entendamos que la confianza es crucial para mantener ese vínculo, lo cual significa darse cuenta cuando hay un problema (como la infidelidad) y tomar las medidas para corregir la relación o para separarse. ¿Por qué tantas personas optan por esconderse en autos, hurgar carteras y buscar en la ropa sucia el aroma de un perfume desconocido? Quisiera tener la respuesta definitiva a esta pregunta, pero no la tengo. En cambio, sí sé que más importante es amarte que amar la «seguridad» de una relación. El miedo de poner en peligro tu integridad debería ser mayor que el miedo a quedarte sola. En mis experiencias con parejas infieles, muchas veces hubiera querido tener la fortaleza para admitir que eso no era sano y para dar marcha atrás y renovarme, pero, por desgracia, no siempre era así mi realidad. Como muchas personas, confiaba más en las fuerzas externas, que en lo que tenía en el corazón, la mente y el espíritu. Al portarme de esa manera, era infiel conmigo misma, era culpable de la «máxima traición».

Qué normas fijar

Entonces, ¿adónde vamos ahora? Bueno: al futuro, naturalmente. Es el momento de dejar de vivir en el pasado, de enfocarte menos en cómo llegaste a este punto y más en cómo hacer para que no vuelvas a emprender ese camino pedregoso. Es la hora de aprender de esta oportunidad de conocimiento personal y aprovechar el momento para poner reglas y normas para ti y para tus relaciones futuras.

Fijar normas significa decidir qué vas a tolerar como conducta propia y aceptable de tu pareja. Significa saber qué esperas de él: qué características debe poseer. Al comienzo de las relaciones, todos nos formamos ideas sobre las cualidades que quisiéramos que tuviera nuestra pareja. ¿Cuántas de esas normas dejaremos de lado al paso del tiempo? Cuando avanza una relación, no es raro que aminoremos nuestras esperanzas, que relajemos nuestras normas y perdamos de vista aquellos criterios iniciales para una relación; en fin, que hagamos lo necesario para que las cosas marchen. Llega a ocurrir que, demasiado pronto, nos encontramos de vuelta en un lugar decepcionante.

Una manera de romper este círculo de locos es conservar las importantísimas expectativas iniciales que te fijaste al comienzo de la relación. Deben tener la misma importancia para ti semanas, meses y años después. No te traiciones poniendo en peligro lo que en el fondo del corazón piensas que es lo importante. Establecer y apegarte a esas guías para una relación te servirá para evitar las situaciones problemáticas antes de que ocurran.

Actuación diligente

La expresión «actuación diligente» se refiere al principio legal con que se mide la conducta que se espera de las personas en ciertas circunstancias. Si el proceder de un individuo no alcanza los criterios establecidos, adquiere una responsabilidad civil por los daños o lesiones que se produzcan en virtud de su comportamiento. Esta norma se fijó concretamente como principio del derecho común, pero la noción pude adaptarse a la vida cotidiana y a las relaciones entre personas.

Tengo preparada mi lista de actuaciones diligentes, en la que se encuentran todas las cualidades que creo que es importante que tenga una pareja. Es una especie de repaso mental que me sirve para saber si una futura pareja tiene los rasgos que considero esenciales para una relación próspera. Antes de mostrarte mi lista, es importante que entiendas que la tuya puede ser diferente; a fin de cuentas, somos personas distintas con diversas normas y esperanzas.

Desde luego, siempre es agradable encontrarse un amante guapo y apasionado, con un trabajo excelente, una magnífica cartera de inversiones, un físico sensual y un coche deportivo, pero ¿cuánto puede durar la relación si no tiene nada de lo fundamental, de las verdaderas características sustanciales que son el centro de una buena personalidad? Cierto, seré la primera en levantar la mano y admitir que una vez escogí a un hombre basándome sobre todo en su buen aspecto y en su abultada cuenta bancaria; pero ¿a dónde me llevó? Te diré a dónde: a esconderme entre los arbustos junto a su casa, a las dos de la mañana, a la espera de atraparlo con otra chica. No, no y no. ¡No pasaré de nuevo por eso! No sacrificaré carácter por encanto, ni sinceridad por una sonrisa bonita.

Las siguientes cualidades están en mi lista de actuaciones diligentes. Me han servido mucho para escoger bien mis relaciones. Con suerte, también te parecerán útiles para que establezcas tus propios criterios.

✓ *Honestidad* la honestidad es la primera característica, la más importante para mí en una relación, cualquier relación, incluyendo la de amigos, familiares y colegas. Al paso de los años, he tenido mis encuentros con personas deshonestas y, créeme, nadie arruina más la confianza. Terminaré de inmediato una relación con quienquiera que no posea el grado de honestidad que considero absolutamente imprescindible.

Al tomar esta determinación importantísima, no limito mi examen a la relación, sino que también pienso en si es honesto en otras facetas de la vida. Por ejemplo, ¿falsea constantemente sus declaraciones de impuestos? Es verdad que muchas personas ajustan una cifra aquí o allá, pero ¿él eleva esta forma de deshonestidad a nuevos niveles y declara propiedades, donativos o hijos inexistentes? ¿Es frecuente que se reporte enfermo en el trabajo cuando está bien? Sin duda, muchos nos hemos tomado un día de permiso para aprovechar una oferta en el centro comercial o para pasar un día en la playa, pero ¿sale siempre con alguna ridícula tragedia para escaparse del trabajo? Hablando en general, ¿acepta los errores ocasionales e inofensivos que comete, como olvidarse de un cumpleaños o llegar tarde a recogerte o bien se inclina a negarlos? ¿Hace trampa en los juegos? Quizá te parezca que estas conductas son inocuas, pero para mí son signos de una persona deshonesta, y no quiero tener nada que ver. De todos modos, recuerda que es la lista de mis criterios personales, de los factores que son importantes para mí. Tu lista será la expresión de tus propias necesidades.

✓ *Respeto* para mí es importante evaluar si la persona con la que voy a relacionarme me respeta a mí y respeta mis cosas, mi privacidad y mi espacio, lo mismo que mis ideas y mis opiniones. Sé que piensas que es injusto que le pida a alguien que respete mis cosas y mi privacidad si acabo de enseñarte a hacer una revisión exhaustiva de una cartera; pero esas técnicas de búsqueda están destinadas a aplicarse únicamente en una relación que ya descarriló. Con suerte, al seguir la guía de tu lista de actuaciones diligentes, será menos probable que te enganches con una mala pareja.

No me fijo nada más en el respeto que me muestra una posible pareja, sino también en el respeto que tiene por los demás. La falta de respeto adopta varias formas y estilos. En particular me ofende la compañía de quien hace comentarios raciales o de quien se refiere a cualquier persona con nombres peyorativos como «puta» o «marica». Una vez salí con un hombre que constantemente se refería a las mujeres como putas. Cada tercera frase que salía de su boca era del estilo: «Esa puta del trabajo me dijo...» o «Esa puta se me cerró con su auto». Llamaba así incluso a las actrices del cine y la televisión.

No era difícil entender que este hombre no sentía mucho respeto por las mujeres. ¿Te imaginas lo primero que profería cuando se enojaba conmigo? Acertaste: «¡Puta!» También te preguntarás si seguí viéndolo. Me avergüenza admitirlo, pero sí: era alto, guapo y tenía un cuerpo formidable. ¿Lo lamenté cuando terminó? Para nada; como dice el refrán, «todos los días se aprende algo nuevo».

Otras señales que busco al estudiar el factor del respeto es cómo actúa en público cuando estamos juntos. ¿Mira todos los traseros firmes y toda mujer bien dotada que pasa por enfrente? ¿Coquetea descaradamente con otras mujeres cuando salimos? Bueno, hasta al hombre más conservador se le extravía el ojo de vez en cuando, pero eso no quiere decir que vaya a repasar de arriba abajo a cuanta muchacha entre en el restaurante.

También es importante saber si entiende que vamos *juntos* cuando estamos en público. He salido con hombres que ya estaban sentados a la mesa mientras yo seguía luchando por bajarme del auto en el estacionamiento. Además, me fijo si me alza la voz cuando tenemos un desacuerdo o si no le importa hacer una escena en público. Para mí, esta conducta revela inmediatamente que es probable que tengamos problemas de respeto en el futuro. Todos estos aspectos del respeto son importantes para mí. Si incluyes esta categoría en tu lista de actuaciones diligentes, reflexiona en todas las conductas que te parecen verdaderamente irrespetuosas y que no concuerdan con lo que esperas de tu relación.

✓ *Comunicación* aprendí por ensayo y error que, sin comunicación, una relación no tiene bases estables. La persona con la que me relacione debe ser abierta y debe estar dispuesta a hablar y a escuchar. Necesito alguien que me franquee sus ideas, sentimientos y opiniones, alguien que me tenga al corriente de lo que pasa todos los días en su vida. También necesito alguien que se interese en escuchar lo que pienso, lo que creo y lo que me preocupa; alguien con quien pueda hablar de cualquier tema, incluyendo problemas del trabajo (el suyo y el mío), temas de actualidad en las noticias y asuntos controvertidos.

Conocí hombres que estaban más a gusto si se guardaban sus sentimientos e ideas para sus adentros. Además, era común que también se mostraran desinteresados a la hora de escuchar. Uno incluso se violentaba cuando yo trataba de iniciar una conversación de cualquier tipo.

Junto con la comunicación viene el trascendental aspecto del respeto, que ya dije que considero importante. Espero que una pareja respete mis opiniones aun si son diferentes de las suyas. Debemos sentirnos en suficiente confianza para decir siempre lo que pensamos, incluyendo problemas con la relación. Para mí, este nivel básico de la comunicación humana es esencial. Si no puedo hablar contigo, no puedo estar contigo. Así de sencillo.

✓ *Espiritualidad* tengo sólidos valores cristianos. Mi experiencia personal es que si mi pareja no tiene esos mismos valores, así sea en un grado menor que yo, al final hay problemas con la relación. Siempre he tratado de basar mis actitudes y conductas en la convicción de que algún día mi creador me llamará a rendir cuentas de todos y cada uno de mis actos aquí en la Tierra. Esta convicción espiritual siempre presentó problemas cuando me relacionaba con alguien que sólo se sentía responsable ante sí mismo. Desgraciadamente, por lo regular eso equivalía a decir que todo se vale, y de esa actitud se desprendía una conducta contraria a mi lado espiritual, mi verdadero carácter, y me hacía sentir incómoda e intranquila. Por el otro lado, este dilema espiritual prácticamente no existe cuando me relaciono con alguien que comparte mi fe en Dios.

Para mí, la cuestión de la espiritualidad y una fe común es crucial para una relación próspera. Pone una marca segura en mi lista de actuaciones diligentes.

✓ *Amistad* si no puedo considerar que el hombre con quien estoy es mi amigo, no tiene caso sostener una relación. En mi opinión, un amigo es alguien a quien puedo acudir en busca de orientación y de consejos sensatos, no alguien que sólo me diga lo que quiero oír. También es alguien con quien siento la confianza de abrirme sin miedo a que me traicione.

Una vez tuve una relación con un hombre que le contaba «a la otra» todo acerca de mí. Ella sabía de mis problemas médicos, mis asuntos familiares y mis preocupaciones laborales. Este hombre me traicionó como pareja y también como amigo. En resumidas cuentas, si no tengo confianza en un hombre para comunicarle información muy personal, ¡que se vaya! Para mí es muy importante sentirme segura de la amistad de mi pareja. Me puedo relajar y ser natural. Si no puedo bajar la guardia, no puedo tampoco considerarlo mi amigo, mucho menos mi pareja.

✓ *Lealtad* en mi opinión, el tema de la lealtad está conectado intrínsecamente con la amistad. Necesito confiar en que la otra persona está siempre de mi lado y en mi rincón. Debo tener la seguridad de que si fuera necesario, puedo estar tranquila de que luche conmigo, de que no me abandone. Es importante sentirme parte de un equipo de dos, más que descubrir que estoy sola en el campo de juego. Si me parece que no me apoya en lo que considero importante, ¡que se vaya! Si se esfuerza por desalentarme, despedazarme con sus críticas o competir conmigo, ¡que se vaya! Lo más importante es que si siente una lealtad mayor hacia su tiempo, su amistad y su vinculación con otra mujer (aunque sea su madre), ¡que se vaya!

✓ *Compromiso* algo que he aprendido con el paso del tiempo es que el punto al que llega una persona para cumplir sus compromisos con los demás es muy buen indicador de si va a cumplir los que haga conmigo. Esto es muy importante al evaluar si una relación puede durar. Siempre trato de notar si el hombre es del tipo que se aburre o se cansa pronto, sea de su trabajo, del proyecto al que está asignado o incluso de un juego o pasatiempo. ¿Es frecuente que deje de cumplir con los compromisos que hace con su gente, sus amigos, sus familiares y sus compañeros? ¿Es del tipo que no puede sostener sus trabajos o proyectos hasta el final? ¿Se rinde cuando la situación se pone ardua o la tarea se vuelve difícil?

A fin de cuentas, responder honestamente estas preguntas me sirve para estudiar una posible pareja y hacerme una idea bastante buena de su potencial para quedarse conmigo en una relación. Una vez salí con un hombre que siempre estaba embarcado en un proyecto u otro. Al principio, lo tomé como una señal de ambición, una cualidad positiva; pero pronto me di cuenta de que casi nunca terminaba lo que empezaba, incluyendo nuestra relación. Olvídate de «en las buenas y en las malas, hasta que la muerte nos separe»; he aprendido que los hombres con problemas para comprometerse no se quedan en una relación después de algunas discusiones. Olvídate de capotear los temporales.

Sí, para mí el compromiso es muy importante. Trato de asegurarme de que una posible pareja posee esta cualidad antes de ir muy lejos. Si da señales negativas cuando la relación está en marcha, no tengo problemas en descartarlo de mi vida.

✓ *Fidelidad* al último, pero no en último lugar, en mi lista está la fidelidad. Este punto es muy simple. Si tiene antecedentes de engañar mujeres o reputación de mujeriego, es obvio que tiene problemas de fidelidad y me alejo de cualquier compromiso. Si estaba engañando a otra cuando me conoció, es casi seguro que me engañe a mí con la siguiente mujer en la que se fije. No me importa si es guapísimo ni con qué sinceridad jure que no volverá a mirar a otra mujer, doy media vuelta y me alejo. De hecho, ¡corro para salvar mi vida!

Por fortuna, todos los días he aprendido algo nuevo. Cuando por fin reflexioné honestamente y me di cuenta de que ya había tenido bastantes dramas en la vida, comencé a ver las cosas con más claridad. En lo que respecta a evaluar la fidelidad de un hombre, aprendí a interpretar las desgracias que anuncia algo tan claro como sus antecedentes. Ya no soy tan tonta para creer que puedo cambiar el carácter de una persona. Todo el amor del mundo no hará que un árbol malo dé buenos frutos. Como entendí que los viejos hábitos son duros de romper, me pareció mejor tachar a este tipo de hombre y seguir adelante.

Muy bien, ahí la tienes: mi lista de actuaciones diligentes. Aunque hay otras características y cualidades que busco en una persona, estoy determinada a *no* contentarme con una pareja que tenga carencias en ninguno de los ámbitos de mi lista. Recuerda que son actuaciones diligentes *mínimas*. Después de aceptar tantas veces mucho menos de lo que merezco, estoy determinada a no volver a cometer el mismo error. Esto no quiere decir que aprobar mi breve lista garantiza una relación sana y maravillosa, pero claro que representa un mejor punto de partida.

Sé fiel contigo misma

¡Recuerda ser fiel contigo misma siempre! Es muy importante no conformarse en una relación. Si lo haces, vas a poner en peligro tus normas y a traicionarte: la máxima traición. Por este motivo, te suplico que te tomes el tiempo para fijar tus propias actuaciones diligentes mínimas. Determina qué cualidades y características es imprescindible que tenga una pareja para que estés satisfecha. Decide por tu cuenta qué puedes y qué no puedes tolerar y qué puedes y qué no puedes aceptar. Por último, es imperativo que pongas tu lista por escrito y que la cumplas. De esta manera, estarás en el mejor camino para encontrar una relación duradera fundada sobre bases sólidas.

Te deseo lo mejor.

índice

¡Alerta!: infidelidad, de Danine Manette
se terminó de imprimir y encuadernar en enero de 2012
en Programas Educativos, S. A. de C.V.
calzada Chabacano, 65 A Asturias DF-06850 (México)